公共經濟學

主編 ◎ 臧文君、張超

前 言

　　爲了讓讀者能從總體上瞭解和把握公共經濟學，除導論外，本書將公共經濟學的研究內容框架劃分爲九個方面的內容：公共部門、公共產品、公共選擇、公共支出、公共收入、稅收、公共債務、政府間財政關係和公共經濟政策。本書註重理論與實踐相結合，力求做到科學性、實用性和相對穩定性的統一。

　　本書內容全面、簡潔、系統，既可供本科生、專科生以及成人教育使用，也可以作爲從事公共事業管理或其他社會工作的人士瞭解公共經濟現象與基礎理論的教學材料或參考資料。

臧文君　張超

目錄

第 1 章 導論 …………………………………………………… (1)
 1.1 公共經濟學是什麼 ……………………………………… (1)
 1.2 公共經濟學的產生與發展 ……………………………… (3)
 1.3 公共經濟學的研究方法 ………………………………… (3)
 總結提要 ……………………………………………………… (5)
 復習思考題 …………………………………………………… (5)

第 2 章 經濟中的公共部門 …………………………………… (6)
 2.1 公共部門與私人部門 …………………………………… (6)
 2.2 公共部門的經濟職能 …………………………………… (7)
 2.3 公共部門的經濟活動 …………………………………… (8)
 總結提要 ……………………………………………………… (10)
 復習思考題 …………………………………………………… (11)

第 3 章 公共產品 ……………………………………………… (12)
 3.1 公共產品概述 …………………………………………… (12)
 3.2 公共產品的最優供給 …………………………………… (14)
 3.3 公共產品的供給模式 …………………………………… (16)
 總結提要 ……………………………………………………… (18)
 復習思考題 …………………………………………………… (18)

第 4 章 公共選擇 ……………………………………………… (19)
 4.1 公共選擇理論概述 ……………………………………… (19)
 4.2 直接民主決策下的公共選擇 …………………………… (21)
 4.3 間接民主決策下的公共選擇 …………………………… (24)

4.4　公共選擇下的尋租 ……………………………………………………（25）
　　總結提要 ………………………………………………………………………（27）
　　復習思考題 ……………………………………………………………………（28）

第 5 章　公共支出 …………………………………………………………（29）
　　5.1　公共支出概述 ……………………………………………………………（29）
　　5.2　公共支出的規模與結構 …………………………………………………（33）
　　5.3　公共支出的效益分析 ……………………………………………………（36）
　　總結提要 ………………………………………………………………………（39）
　　復習思考題 ……………………………………………………………………（39）

第 6 章　公共收入 …………………………………………………………（41）
　　6.1　公共收入概述 ……………………………………………………………（41）
　　6.2　公共收入的規模與結構 …………………………………………………（42）
　　總結提要 ………………………………………………………………………（45）
　　復習思考題 ……………………………………………………………………（45）

第 7 章　稅收 ………………………………………………………………（46）
　　7.1　稅收概述 …………………………………………………………………（46）
　　7.2　稅收原則 …………………………………………………………………（49）
　　7.3　稅收負擔的轉嫁與歸宿 …………………………………………………（51）
　　總結提要 ………………………………………………………………………（55）
　　復習思考題 ……………………………………………………………………（55）

第 8 章　公共債務 …………………………………………………………（57）
　　8.1　公債概述 …………………………………………………………………（57）
　　8.2　公債的規模 ………………………………………………………………（59）
　　8.3　公債的發行與償還 ………………………………………………………（60）

8.4　公債的負擔及風險 …………………………………… (62)
　8.5　公債的經濟效應 ……………………………………… (64)
　總結提要 …………………………………………………… (66)
　復習思考題 ………………………………………………… (67)

第9章　政府間財政關係 ……………………………………… (68)
　9.1　政府間財政關係概述 ………………………………… (68)
　9.2　分稅制 ………………………………………………… (70)
　9.3　政府間轉移支付 ……………………………………… (72)
　總結提要 …………………………………………………… (75)
　復習思考題 ………………………………………………… (76)

第10章　公共經濟政策 ……………………………………… (77)
　10.1　公共經濟政策概述 …………………………………… (77)
　10.2　公共經濟政策工具 …………………………………… (78)
　10.3　公共經濟政策專題 …………………………………… (90)
　總結提要 …………………………………………………… (97)
　復習思考題 ………………………………………………… (98)

參考文獻 ……………………………………………………… (99)

第 1 章　導論

本章學習目標：

- 準確把握公共經濟學的含義、研究內容；
- 基本瞭解公共經濟學的產生背景和發展歷程；
- 熟練掌握公共經濟學的研究方法。

公共經濟學是一門研究以政府爲主要代表的公共部門經濟活動的學科。其主要研究內容包括公共部門是什麼、公共部門必須做什麼、公共部門應該怎樣做等問題。

1.1　公共經濟學是什麼

1.1.1　公共經濟學的含義

傳統西方經濟學把社會經濟主體分爲私人部門和公共部門兩大類。其中，私人部門是指個人、家庭和私人所擁有的企事業單位，以收益最大化爲前提和目標；公共部門是指政府及其所屬部門，以全社會的公平、公正爲前提和目標。無論是私人部門還是公共部門，都以各自的方式參與並影響着經濟的發展，但是它們的活動方式和目的又有所不同。一般來講，私人部門主導的經濟活動被我們稱爲市場經濟。公共經濟是相對於市場經濟而言的，是公共部門爲增進社會福利，通過政府調控而進行的經濟活動的總稱。

公共經濟學（Public Economics），又稱公共部門的經濟學（Public Sector Economics），是研究公共部門的經濟行爲，是描述和分析公共部門的經濟活動的一門學科。由於政府是公共部門中最主要的代表，因此，公共經濟學通常又稱政府經濟學。

1.1.2　公共經濟學的研究內容

當我們界定好公共經濟學的含義之後，還需要進一步理解公共經濟學的研究內容。截至目前，國內外學術界對公共經濟學的研究內容衆說紛紜，差距甚大。一般來講，公共經濟學主要從以下三個方面研究以政府爲主要代表的公共部門在經濟生活中的作用：

（1）弄清政府參與了哪些活動以及這些活動是如何組織起來的；（2）盡可能理解和預測政府這些活動的全部結果；（3）評價政府的政策，包括評價的標準和政策目标等。

　　具体来讲，瞭解公共经济学的研究内容框架，可以帮我们有效地总揽本门课程。依据上述关于公共经济学研究内容的讨论，除开导论，本书将公共经济学的研究内容框架划分为九个方面的内容：公共部门、公共产品、公共选择、公共支出、公共收入、税收、公共债务、政府间财政关係和公共经济政策。

　　为了让读者能从总体上瞭解和把握公共经济学，本书的第一章将首先介绍公共经济学是什么、公共经济学的研究内容、公共经济学的产生与发展，以及公共经济学的研究方法。

　　公共经济主要通过公共部门主导，由公共部门制定和实施经济政策来发挥作用。因此，经济中的公共部门也是公共经济学研究的起点。在导论之后的第二章，本书随即对经济中的公共部门展开研究。我们首先介绍了混合经济，厘清了公共部门和私人部门的区别，介绍了公共部门的经济职能，紧接着分析了公共部门的经济活动，并特别阐述了公共部门的缺陷——政府失灵。

　　合理且有效地向社会提供公共产品以解决市场失灵问题是公共部门的基本职责，因此，公共产品理论被认为是公共经济学的核心理论。公共部门必须做什么，公共部门应该怎样做都是围绕公共产品而展开的。本书的第三章首先介绍了公共产品的含义、特徵和分类，列举了两种重要的公共产品，然后在此基础上分析了公共产品的最优供给理论，最后进一步探讨了公共产品的供给模式。

　　选择是经济学永恒的研究课题。公共经济学视角下，公共选择理论的核心内容就是研究如何决定公共产品的问题。本书的第四章首先介绍了公共选择理论的产生与发展、研究方法和研究内容，然后详细地阐述了直接民主制下的公共选择和间接民主制下的公共选择，最后讨论了公共选择下的寻租。

　　公共部门经济职能的履行和作用的发挥依赖公共支出活动来实现，公共支出是公共经济学的核心内容之一。本书的第五章在简要介绍了公共支出的含义、特徵和分类之后，重点阐述了公共支出规模的含义和测量、公共支出增长理论，以及公共支出结构的含义、影响因素和优化，最后详细介绍了公共支出效益分析的几种重要方法。

　　公共收入是公共支出的经济来源，以政府为主要代表的公共部门的正常运转必须有公共收入才能保证。因此，公共收入也是公共经济学的核心内容之一。本书的第六章除了介绍公共收入的含义、分类和统计口径外，还详细地讨论了公共收入规模的含义、测量和影响因素，以及公共收入结构的含义和优化。

　　现代经济中，税收是公共收入最重要的来源。本书的第七章在介绍收入含义、特徵、构成要素和分类的基础上，重点介绍了税收原则理论的产生与发展，最后详细阐述了收入负担转嫁与归宿的含义、方式和影响因素。

　　公共债务（公债）是公共部门在税收之外取得收入的一种特殊形式，也是调节经济的一种重要手段。本书的第八章首先简要介绍了公债的含义、特徵、作用和分类，紧接着详细介绍了公债规模的含义和测量，最后重点阐述了公债的发行与偿还，并分析了公债的负担与风险。

　　公共部门的主体是政府，而在绝大多数国家，政府不是单一层级，而是存在着多層級的。公共經濟學的一個重大課題，就是研究如何釐清不同層級政府間的財政關係，從而有效地提升政府宏觀調控的能力。本書的第九章研究的主要問題有財政分權理論、分稅制和政府間轉移支付。

任何政府在行使其經濟職能時，都離不開制定公共經濟政策，並且要借助一定的公共經濟政策工具。本書的最後一章，即第十章，在概述了公共經濟政策含義和目標之後，詳細介紹了一些主要的公共經濟政策工具，並在此基礎上分析了公共經濟政策如何發揮作用；最後以專題的形式重點介紹了我國目前正在大力施行的公共經濟政策實踐。

1.2　公共經濟學的產生與發展

公共經濟學是經濟學中相對年輕但又發展最迅速的分支之一，圍繞公共部門的經濟活動這一主線，經歷了200多年的產生與發展。

公共經濟學由財政學發展演變而來，20世紀50年代以前，研究公共部門經濟問題的著作都以財政學冠名。英國經濟學家亞當·斯密（Adam Smith）在他1776年出版的經濟學巨著《國富論》中，討論了"支出""收入"和"公債"的問題，並以其獨到的見解，基本確立了西方早期財政學的理論框架。

20世紀50年代，美國經濟學家保羅·薩繆爾森（Paul A. Samuelson）的《公共支出的純理論》以及理查德·阿貝爾·馬斯格雷夫（Richard Abel Musgrave）的《公共財政學理論：公共經濟研究》的相繼發表和出版，標誌着公共經濟學作為一門學科正式誕生。此後，大多數著名的經濟家如馬丁·費爾德斯坦（Martin Feldstein）、約瑟夫·斯蒂格利茨（Joseph E. Stiglitz）、安東尼·巴恩斯·阿特金森（Anthony Barnes Atkinson）、彼德·M.杰克遜（Peter M. Jackson）等紛紛將著作中的公共財政學改稱為公共經濟學或公共部門經濟學，公共經濟學逐漸發展為一門獨立的經濟學科。20世紀80年代，公共經濟學理論被西方經濟學界廣為接受。

20世紀90年代，隨著我國經濟社會的發展，公共經濟學也悄然興起，中國經濟學界對其進行了廣泛研究。早期的研究成果主要有上海三聯書店在1992年翻譯出版的安東尼·巴恩斯·阿特金森和約瑟夫·斯蒂格利茨共同著作的《公共經濟學》、白景明於1994年編著出版的《公共經濟》、劉慶旺等於1999年編著出版的《公共經濟學大辭典》等。進入21世紀後，公共經濟學在中國的研究得到了進一步發展，研究中國公共經濟問題的著作不斷地涌現出來，如齊守印的《中國公共經濟學體制改革和公共經濟學論綱》。隨著公共經濟問題的凸顯，公共經濟學在中國也將迎來難得的發展機遇。

1.3　公共經濟學的研究方法

公共經濟學作為經濟學的一個分支，就要遵循經濟學的研究方法。

1.3.1 實證分析與規範分析相結合

實證分析,即用統計計量方法對經濟數據進行處理的分析方法,刻畫的是對經濟變量之間的關係,回答的問題是"是什麼""將會怎樣"以及理論假設是否被證實或被證僞。規範分析,它所要解決的問題是"應該是什麼",通常按照特定的價值判斷,提出行爲標準,並以此作爲處理經濟問題和制定經濟政策的依據,探討如何才能找到符合這些標準的分析和研究方法。

公共經濟學的研究需要將實證分析和規範分析相結合。通過實證分析,可能揭示出公共經濟學中最基本的問題如效率、公平、福利的增加與損失等。通過規範分析則可以給公平與效率的關係處理、公共產品的提供方式、政府的經濟職能等問題提供明確的答案。

1.3.2 歸納分析與演繹分析相結合

歸納分析,就是指從特殊到一般,從對很多個別經驗或事實的考察分析中找出答案,並通過觀察事實來證明一個理論是否正確。其得出的結論不可能是全面、真實的,僅僅是一個概率問題。演繹分析,就是指從一般到特殊,它需要有作爲演繹前提的假設。而歸納分析正是找尋最佳假設的方法。公共經濟學的研究需要歸納分析和演繹分析的互補。通常通過歸納事實或借助邏輯來提出假設,並通過邏輯演算進行演繹,來找出各概念之間的聯繫。

1.3.3 成本-效益分析

公共經濟學也經常用到成本-效益分析法。成本-效益分析方法是美國經濟學家尼古拉斯·卡爾德(Nicolas Calder)和約翰·希克斯(John Hicks)通過對前人的理論加以提煉而形成的。一般來講,成本-效益分析作爲一種經濟決策方法,將成本費用分析運用於公共部門的計劃決策之中,以尋求如何以最小的成本獲得最大的效益。常用於評估需要量化社會效益的公共事業項目的價值。在公共經濟學研究中,成本-效益分析中的成本多指機會成本。

1.3.4 博弈論

博弈論,主要研究決策主體的行爲發生直接相互作用時的決策以及這種決策的均衡問題。博弈論在公共經濟學中得到了廣泛的應用。公共經濟學作爲研究公共部門經濟活動的科學,涉及人與人之間、社會集團與社會集團之間的經濟關係。公共經濟學的出發點是要使社會福利達到最大化,在利益最大化的同時又不影響公共產品生產和供給的效率。爲此,就需要公共部門運用博弈論的觀點處理好在資源有限狀況下的合理配置問題。

總結提要

1. 公共經濟學（Public Economics），又稱公共部門的經濟學（Public Sector Economics），是研究公共部門的經濟行為，描述和分析公共部門的經濟活動的一門學科。由於政府是公共部門中最主要的代表，因此，公共經濟學通常又稱為政府經濟學。

2. 公共經濟學的研究內容主要包括：①弄清政府參與了哪些活動以及這些活動是如何組織起來的；②盡可能理解和預測政府這些活動的全部結果；③評價政府的政策，包括評價的標準和政策目標等。

3. 公共經濟學作為經濟學的一個分支，就要遵循經濟學研究方法。

其研究方法主要有：①實證分析與規範分析相結合；②歸納分析與演繹分析相結合；③成本-效益分析；④博弈論。

復習思考題

1. 公共經濟學的研究對象有哪些？
2. 簡要評述公共經濟學的發展演變脈絡。
3. 公共經濟學在中國面臨的發展機遇和挑戰有哪些？
4. 公共經濟學的研究主要採用哪些研究方法？
5. 試述公共經濟學對現實經濟分析指導的理論與實踐意義。

第 2 章　經濟中的公共部門

本章學習目標：

- 基本瞭解混合經濟的含義、構成；
- 準確把握公共部門的含義和經濟職能；
- 基本瞭解公共部門的經濟活動。

現代經濟是市場經濟和公共經濟共同構成的混合經濟，私人部門和公共部門通過各自的經濟活動以及互動，實現整個經濟中的資源優化配置。其中，公共部門主要通過主導公共經濟、制定和實施經濟政策來發揮作用。

2.1　公共部門與私人部門

由私人部門主導的市場經濟與公共部門主導的公共經濟是現代經濟中不可或缺的要素，分別提供着不同類別的產品和服務，從而滿足私人需求和公共需求，在促進經濟發展與社會進步方面發揮着不同的作用。市場經濟和公共經濟相融合，形成了混合經濟。

公共經濟學中的公共部門指從事公共經濟活動的組織，其主要代表是政府，包括傳統意義上的各級政府及其所屬部門，還有國防、教育、社會保險、醫療衛生和公用事業等公共組織。縱觀當前世界，大多數國家的政府是多級結構，一般包括三個層級：中央政府、次中央政府和地方政府。公共部門在混合經濟中佔有相當大的比重，而且發揮着非常重要的作用。

相對於公共部門，私人部門指個人、家庭和私人所擁有的企事業單位。在混合經濟中，私人部門主要作為提供商品與服務的廠商和作為購買商品和服務的消費者出現，按照私人利益最大化的原則進行經營決策、投資決策和消費決策。事實證明，以私人利益最大化為前提做出的決策無法滿足資源配置的最優化，這個時候就出現了市場失靈。市場失靈是指市場無法或難以有效率地配置資源，主要以外部性、壟斷、信息不對稱等形式出現。

公共部門與私人部門的根本區別，在於以何種機制作為最基礎性的組織方式。公共部門主要依託公共權力，通過自上而下的行政命令來組織社會經濟活動。而私人部門是以市場的自願原則和自發秩序來組織社會經濟活動。公共部門伴隨著人類社會產生，並不是混合經濟的產物。因此，以彌補市場失靈來解釋公共部門存在的必要性並不恰當。但是，這確實可以為我們理解公共部門在混合經濟中的角色和作用，提供一個有益的視角。公共部門的存在並發揮適當的作用，是混合經濟良好發展的基本條件。

本書接下來提到的公共部門、政府和國家在概念的使用上基本上是相同的，可以相互替代。因為政府是公共部門的主要代表，又是國家機器和國家機構中最主要的組織部分。

2.2 公共部門的經濟職能

在混合經濟中，公共部門與私人部門通過分工與合作實現經濟發展與社會進步。那麼，在混合經濟中公共部門應該發揮什麼樣的經濟職能呢？國際上對公共部門的經濟職能的表述不盡相同，主要是因為不同國家在歷史、經濟發展階段等方面存在差異。但是總體來講，混合經濟中，公共部門的經濟職能主要體現在以下四個方面：

2.2.1 彌補市場失靈

市場失靈是公共經濟學中的關鍵詞之一。判斷市場失靈的具體標準是帕累托效率，即是否存在其他生產上可行的配置，使得該經濟中的所有個人至少和他們在初始情況中一樣良好，而且至少有一個人的情況比初始時更好，那麼這個資源配置就是帕累托最優。如果不存在帕累托效率，則市場是失靈的。在以市場機制為資源配置主要方式的經濟社會中，公共部門在糾正和克服市場失靈方面扮演了重要角色，充當"看不見的手"。

2.2.2 合理配置資源

資源配置職能，是指公共部門如何進行資源配置。具體來講，合理配置資源，是指公共部門運用一定的機制，通過引導形成一定的資產結構、產業結構以及技術結構和地區結構，實現資源的優化配置。

2.2.3 促進分配公平

收入分配職能，是指公共部門在國民分配中，通過調節國民收入在政府、企業和個人等分配主體之間的比例，實現分配的公平合理的職能。促進分配公平，主要是指公共部門糾正市場經濟的自發性和盲目性帶來的國民收入分配不公。

2.2.4 穩定經濟發展

經濟發展職能，是指公共部門通過稅收、公共債務、轉移支付和投資等政策手段，實現充分就業、物價穩定和國際收支平衡的長期穩定狀態的職能。穩定經濟發展的主要內容有：促進社會總供求平衡、抑制通貨膨脹、提供社會保障和促進國際收支平衡等。

專欄：四川省將建統一的公共資源交易平臺

2016年6月底前省市縣基本完成平臺整合。

各市（州）政府整合建立本地區統一的公共資源交易平臺，縣級政府不再新設平臺，將已設立的平臺整合爲市級平臺的分支機構。

依託四川省級電子政務雲，整合建立統一規範、終端覆蓋全省的公共資源電子交易公共服務系統，統一信息發布、公告公示和專家抽取服務。

"2016年6月底前，省、市、縣政府基本完成公共資源交易平臺整合工作。"日前，省政府辦公廳印發《四川省整合建立統一的公共資源交易平臺實施方案》（以下簡稱《方案》），要求整合分散設立的工程建設項目招標投標、土地使用權和礦業權出讓、國有產權交易、政府採購等交易平臺，並設定了整合時間表。2017年6月底前，州在全省範圍內形成規則統一、公開透明、服務高效、監督規範的公共資源交易平臺體系，基本實現公共資源交易全過程電子化。

統一的公共資源交易平臺由政府推動建立，對資源的整合包括平臺層級、信息系統、場所資源、專家資源、交易事項等多方面。省政務服務和資源交易服務中心爲省本級公共資源交易綜合性服務平臺，各市（州）政府整合建立本地區統一的公共資源交易平臺，縣級政府不再新設公共資源交易平臺，已經設立的應整合爲市級公共資源交易平臺的分支機構。

在信息系統整合方面，要求依託四川省級電子政務雲，整合建立統一規範、終端覆蓋全省各級公共資源交易平臺的公共資源電子交易公共服務系統，統一信息發布、公告公示和專家抽取服務，對接各類市場主體信用管理體系並與國家電子交易公共服務系統互聯互通，實現資源共享。同時，鼓勵電子交易系統市場化競爭。《方案》還要求，整合公共資源交易評標專家和評審專家資源，建立全省統一的公共資源交易綜合專家庫。積極參與專家資源及專家信用信息全國範圍內互聯共享，加快推進專家遠程異地評標、評審。評標或評審時，應當採取隨機方式確定專家，任何單位和個人不得以明示、暗示等方式指定或者變相指定專家。同時，我省將編制省、市（州）《公共資源交易目錄》，被列入目錄的公共資源交易項目，原則上必須被納入公共資源交易平臺集中交易。

西南財大財稅學院副院長李建軍表示，建立統一的公共資源交易平臺，有利於防止公共資源交易碎片化，降低交易成本，形成統一開放、競爭有序的現代市場體系，同時可促進公共資源交易操作陽光化，強化對行政權力的監督制約。

資料來源：陳鬆、陳岩.四川省將建統一的公共資源交易平臺[N].四川日報，2015-01-05（2）.

2.3 公共部門的經濟活動

現代經濟發展的要求和公共部門自身的特點決定了公共部門的經濟活動方式與

特點。

2.3.1 主要方式

公共部門的經濟活動主要包括直接活動和間接活動，具體的手段有稅收、公債、政府購買和轉移支付等。

直接活動是指公共部門通過行政命令，運用政府權力直接參與資源配置，以及指揮私人部門的決策和活動，是凌駕於市場機制之上的一種經濟活動。

間接活動是指公共部門利用市場機制引導私人部門的決策和活動，從而間接地影響市場的決策。主要依靠公共部門所掌握的資源數量以及與市場的博弈。

2.3.2 公共部門的缺陷——政府失靈

經濟證據表明，分散決策的私人部門會產生市場失靈，而集中決策的公共部門同樣會產生失靈，即所謂政府失靈。政府失靈也稱政府失效，是指政府的活動或干預措施缺乏效率，從而使得政府的決策和行為不但不能彌補市場失靈，反而加劇了市場失靈。

1. 政府失靈的原因

政府失靈是一種客觀存在，可能是由政府自身內在的缺點引起，也可能是由政府經濟活動失誤所導致。具體來講，政府失靈的原因主要包括以下幾個方面：

（1）缺乏足夠的信息。任何經濟活動的合理性與正確性必須以足夠的信息為前提。私人部門信息不足是市場失靈的表現之一。同樣，政府也不可能對變化迅速的經濟生活掌握充分的信息，也就不可能對其做出的調控決策進行充分的經濟分析與論證。另外，即便政府獲得了足夠的信息，這些信息也未必就是真實有用的，同樣會造成政府決策失靈。

（2）缺乏相應的競爭。市場中的私人部門在提供產品或服務時存在激烈的競爭，需要時刻考慮成本和利潤。與此相對照，政府在經濟活動中不存在競爭對象，沒有利潤的概念。其結果是政府在提供公共產品時所支付的成本超出了社會本應支付的成本。因此，政府雖抱著彌補市場失靈的初衷，而實際上往往加劇了市場失靈，從而導致政府失靈。

（3）缺乏合理的約束和監督。私人部門由於受眾多制度規則制約，其經濟活動會很規範和謹慎；而政府所受的約束比私人部門少，因此，更容易出現決策失誤，從而導致政府干預失靈。政府在公共產品的活動中，一般沒有客觀的標準來檢驗監督。因此，政府在缺乏有力監督的前提下，其政策和行為或直接或間接地有利於自身的利益，而不是體現真正的社會公眾利益，從而導致政府失靈。

（4）存在時滯效應。政府對經濟活動的干預，取決於所要干預的客觀經濟形勢。當客觀經濟形勢發生急劇變化後，需要及時地做出決策，並快速地影響外部。所以，這里的時滯既包括政府內部做出決策所花費的時間，也包括決策行為對外部影響的時間。但是，政府經濟活動中種種經濟社會變化和各種突發事件的出現，會阻礙政府貫徹既定政策，使政府達不到預期目標，干預滯後，或出現政策的時滯效應，導致政府失靈。

另外，造成政府失靈的原因還有國際環境、政府官員能力有限等因素。

2. 政府失靈的治理——公共部門改革

實踐表明，政府在履行其經濟職能時的表現並不總是令人滿意。只要政府存在，政府失靈就會相應存在。政府失靈的存在以及危害，激發了人們對公共部門改革的思考。

直到現在，世界各國仍對公共部門持續不斷地進行着改革。概括起來，主要從以下幾個方面着手：

（1）合理有效地界定政府和市場的邊界。政府與市場作用的範圍和領域應有一個有效的邊界，才可以發揮各自的作用和效率。合理有效地界定政府和市場的邊界，就是合理確定政府和市場的活動領域、適度規模，使其與國家的政治體制、經濟體制、經濟發展階段、人口數量和質量、自然資源等基本國情相適應。同時，還要正確處理中央政府與地方政府的關係，做好二者事權和財權的劃分。

（2）提升政府的決策科學化程度和工作效率。政府對經濟社會干預的成敗在很大程度上取決於其決策和工作效率。需要根據現代經濟的內在要求和客觀規律，建立科學的決策程序和決策系統，建立和健全政府決策行爲的評估、反饋和激勵懲罰機制。同時，把競爭機制和利潤意識引入政府，對政府的財政收入和支出進行相應地約束。

（3）發展新型的公私部門夥伴關係。公私部門合作關係的最早形式就是 BOT（Build-Operate-Transfer），在 20 世紀 80 年代初期由土耳其首先在基礎設施建設項目中採用；隨後，澳大利亞、英國、葡萄牙、義大利、希臘、荷蘭和愛爾蘭等國家也廣泛運用公私合作關係模式；此外，公私部門合作關係在美國、加拿大以及衆多的發達國家和發展中國家的基礎設施建設、公共服務和社會服務等項目中得到廣泛而充分的運用。公私部門關係模式的最大特點是：將私人部門引入公共領域，從而提高了公共設施服務的效率和效益。當下比較常見的公私部門夥伴關係也稱政府和社會資本合作模式（PPP 模式），是指公共部門與私人部門合作過程中，讓私人部門所掌握的資源參與到提供公共產品的過程中，從而實現合作各方達到比預期單獨行動更爲有利的結果。PPP 模式雖然有其優勢，但也存在風險和劣勢，這裡不再贅述。

總結提要

1. 現代經濟是市場經濟和公共經濟共同構成的混合經濟。由私人部門主導的市場經濟與公共部門主導的公共經濟是現代經濟中不可或缺的要素，分別提供着不同類別的產品和服務，從而滿足私人需求和公共需求。市場經濟和公共經濟融合而成了混合經濟，在促進經濟發展與社會進步方面發揮着不同的作用。

2. 公共經濟學中的公共部門指從事公共經濟活動的組織，其主要代表是政府，包括傳統意義上的各級政府及其所屬部門，還有國防、教育、社會保險、醫療衛生和公用事業等公共組織。縱觀當前世界，大多數國家的政府是多級結構，一般包括三個層級：中央政府、次中央政府和地方政府。公共部門在混合經濟中占有相當大的比重，而且發揮着非常重要的作用。

3. 混合經濟下，公共部門的經濟職能主要體現在以下四個方面：①彌補市場失靈；②合理配置資源；③促進分配公平；④穩定經濟發展。

4. 公共部門的經濟活動主要包括直接活動和間接活動，具體的手段有稅收、公債、政府購買和轉移支付等。直接活動是指公共部門通過行政命令，運用政府權力直接參與資源配置，並指揮私人部門的決策和活動，是凌駕於市場機制之上的一種經濟活動。間接活動是指公共部門利用市場機制引導私人部門的決策和活動，從而間接地影響市場的決策。

5. 政府失靈也稱政府失效，是指政府的活動或干預措施缺乏效率，從而使得政府的決策和行為不但不能彌補市場失靈，反而加劇了市場失靈。

6. 政府失靈的存在以及危害，激發了人們對公共部門改革的思考。概括起來，主要從以下幾個方面着手：①合理有效地界定政府和市場的邊界；②提升政府的決策科學化程度和工作效率；③發展新型的公私部門夥伴關係。

7. 當下比較常見的公私部門夥伴關係也稱政府和社會資本合作模式（PPP模式），是指公共部門與私人部門合作過程中，讓私人部門參與提供公共產品，從而實現合作各方達到比預期單獨行動更為有利的結果。

復習思考題

1. 如何理解公共經濟和私人經濟在促進經濟發展與社會進步方面發揮的不同作用？
2. 公共部門的經濟職能有哪些？具體內容是什麼？
3. 公共部門促進分配公平的措施有哪些？結合中國發展現實討論這個問題。
4. 試述政府失靈的原因及如何治理。

第 3 章 公共產品

本章學習目標：

- 準確把握公共產品的含義、特徵和分類；
- 熟練掌握公共產品供給均衡分析的主要方法；
- 基本瞭解公共產品的供給模式。

公共產品是公共經濟學關註的核心內容之一。合理且有效地向社會提供公共產品以解決市場失靈問題是公共部門的基本職責。

3.1 公共產品概述

現代經濟背景下，人們需要越來越豐富的產品和服務。一般來講，按照產品屬性和特徵的不同，可以將全社會的產品和服務分爲公共產品和私人產品兩大類。公共產品主要滿足公衆的集體需求，私人產品主要滿足個體的私人需求。

3.1.1 公共產品的含義

公共產品，又被稱爲公共品、公共物品等。在關於公共產品含義的衆多探討中，影響最廣泛的當屬美國經濟學家曼瑟爾·奧爾森（Mancur Olson）和保羅·薩繆爾森給出的界定。曼瑟爾·奧爾森在他的著作《集體行動的邏輯》一書中對公共產品的定義是：任何物品，如果一個集團 $(X_1, \cdots, X_i, \cdots, X_n)$ 中的任何個人 (X_i) 能夠消費它，它就不能適當地排斥其他人對該產品的消費，它就是公共產品。保羅·薩繆爾森對公共產品的界定是：無論每個人是否願意購買它們，它們帶來的好處不可分割地散布到整個社區里。隨後，保羅·薩繆爾森在《公共支出的純理論》一文中，又更進一步對公共產品做出了界定，認爲公共產品就是每個人對該產品的消費都不會減少其他人對該產品的消費。

本書認爲，公共產品主要指那些同時具有非排他性和非競爭性的產品或服務。一般來講，公共產品由公共部門供給，用來滿足社會公共需要。

3.1.2 公共產品的特徵

公共產品具有許多不同於私人物品的特徵，理解這些特徵有助於我們更好地理解公共部門的作用以及有效供應公共產品所面對的困難。通過上面的定義，公共產品需要同時滿足兩個主要特徵：非排他性和非競爭性。

1. 非排他性

非排他性是指產品或服務一旦被提供出來，就不可能排除任何人對它的不付代價的消費。而私人產品則必須是具有排他性的。因為只有具有排他性的產品或服務，消費者才會付費，生產者才會供給。

2. 非競爭性

非競爭性是指產品或服務一旦被提供出來，增加一個人的消費不會減少任何其他人的消費。同時，也不會增加社會成本，其新增消費者使用該產品的邊際成本為零。以國防為例，在一個國家範圍內提供的國防服務，不會因為增加一個人口，而影響到原有人口享受國防安全保障。

除了非排他性和非競爭性的兩個主要特徵外，公共產品還具有一些其他的特徵：

一是不可分割性。公共產品是面向整個社會提供的，可以實現集體共享，而不能將其分割成若干部分，分別歸某些個人享用。比如國防、法律等。

二是自然壟斷性。在現實生活中，不難發現，許多公共產品都是自然壟斷產品，比如水、電、天然氣等。

三是正的外部性。公共產品可以同時使不止一個人獲得收益，這個特徵往往導致私人部門在提供公共產品時會出現供給不足的問題。

3.1.3 公共產品的分類

根據對公共產品特徵的分析，我們可以將公共產品劃分成純公共產品和準公共產品。

1. 純公共產品

如果一種產品或服務同時完全滿足非排他性和非競爭性，就是純公共產品。在現實中，這類純公共產品很少，國防和義務教育是典型的例子。這類純公共產品消費者數量很多，個人偏好差異很小。

2. 準公共產品

在現實中，準公共產品更為常見。準公共產品就是指不能同時完全滿足非排他性和非競爭性，只能滿足非排他性和非競爭性中的一個特徵的產品或服務。因此，準公共產品具有類似私人產品的某些特徵。高速公路就是典型的例子：不能完全滿足非競爭性，當行駛在路上的車輛足夠多時就會出現競爭（擁擠）問題；也不能完全滿足非排他性，設立收費站就是一種常見的辦法。

根據準公共產品所具有的兩個基本特徵的不同組合，可以將準公共產品進一步劃分為：

（1）公共資源，即具有非排他性與競爭性的公共產品。比較典型的公共資源有空氣、水和公共沙灘等。以公共沙灘為例，隨著遊客的不斷增加，沙灘將變得愈加擁擠，會導致遊客的滿足感和舒適度大幅下降，因為沙灘的使用是具有競爭性的。一方面，公共資源與純公共產品一樣，總量是既定的，具有向任何人開放的非排他性；另一方面，公共資源的競爭性會帶來負的外部性，即對公共資源的消費超過一定限度之後，會出現"擁擠"問題。公共資源的經典案例就是"公地悲劇"。

（2）俱樂部產品，即具有排他性與非競爭性的公共產品。比較典型的俱樂部產品有收費的高速公路、公園等。此類準公共產品具有排他性，通過限定名額，將不具備資格的成員排除在外，即對外排他，對內共享。以收費的高速公路爲例，雖然在消費上具有非競爭性，但需要付費才能享用，從而達到排他性。

與純公共產品不同，社會公衆對準公共產品的個人偏好的差異很大。現實生活中，公共產品大多數爲準公共產品，雖然政府承擔了此類產品或服務的供給責任，但也爲私人部門發揮市場機制作用留出了一定空間。

3.1.4　舉例：一些重要的公共產品

我們每天的生活中，會接觸到形形色色的公共產品。接下來我們對兩種最重要的公共產品舉例說明。

1. 國防建設

國防建設指的是出於國家安全利益需要，提高國防能力而進行的各方面的建設。國防的主體是國家，其效用惠及全國人民，屬於典型的公共產品。亞當·斯密最早提出"國防"作爲公共產品的典型例子。他在《國富論》中對政府職能界定爲三項："保護社會免受其他獨立社會的暴行的侵略，盡可能保護社會的每一個成員免於社會每一個其他成員的不公正和壓迫行爲的傷害，建立和維持公共機構、公共工程"，即國防、警察和公共工程。2015年5月26日，《中國的軍事戰略》白皮書發布，指出"隨著國力不斷增強，中國軍隊將加大參與國際維和、國際人道主義救援等行動的力度，在力所能及範圍內承擔更多國際責任和義務，提供更多公共安全產品"。這是首次提出"公共安全產品"這一概念。作爲一個崛起中的大國，中國有責任也有義務向有關地區、有關國家提供公共安全產品，以維護共同安全。

2. 扶貧計劃

貧困是一個世界性的問題，在我國，政府一直是扶貧事業中的主導力量。從公共經濟學的角度來看，"市場失靈"和"政府失靈"問題在扶貧新形勢下更加突出，"扶貧"的公共產品的屬性更加重要。習近平總書記在2013年11月於湖南湘西考察時，首次提出了"精準扶貧"，即"扶貧要實事求是，因地制宜。要精準扶貧，切忌喊口號，也不要定好高鶩遠的目標"。在2020年完成"全面建成小康社會"的宏偉目標，是中共十八大根據中國經濟社會實際做出的重大決策，扶貧、脫貧則是"全面建成小康社會"的重要一環。從公共產品供給的角度研究政府與社會組織在精準扶貧領域中的合作，對雙方的優勢、合作經驗進行總結，是今後公共經濟學研究的一個重要方向。

3.2　公共產品的最優供給

西方經濟學的基本理論表明，在市場經濟中，私人產品的最優供給（市場均衡）條件是滿足價格（P）= 邊際成本（MC），也就是供求曲線的交點所對應的均衡價格和均衡數量。在均衡條件下，資源得到最優配置，供給正好滿足需求，達到最優供給。那麼公共產品的最優供給應該如何確定呢？

公共產品供給均衡分析的主要方法有庇古均衡、局部均衡和林達爾均衡等。

3.2.1 庇古均衡

英國經濟學家阿瑟·賽西爾·庇古（Arthur Cecil Pigou）在研究稅收的原則時提出了資源如何在私人產品與公共產品之間進行最優配置的問題。他將個人假設爲理性而誠實的人，從而研究個人應該如何行動。他從基數效用論出發，假設效用可以比較大小並可以求導，認爲每個人在消費公共產品時都可以得到一定的正效用。同時，由於每個人都必須爲支付這種公共產品而納稅，因而又會產生負效用。庇古把這種負效用定義爲個人放棄消費私人產品的機會成本。在以上假設的基礎上，庇古經過推導後得出了這樣的結論：對於每個人來說，公共產品的最優供給將發生在這樣一點上，即公共產品消費的邊際效用等於稅收的邊際負效用。這就是庇古均衡。

關於這一點我們可以用數學公式做進一步的推導：設 G_i 爲個人 i 得到的公共產品；T_i 爲個人 i 支付該公共產品的稅收；M_i 爲個人 i 的收入；X_i 爲個人 i 所得到的消費品；U_i 爲個人 i 得到的效用；NU_i 爲個人 i 的淨效用。假定 $T_i = G_i$，即沒有政府的運作成本。根據庇古的定義，便有：

$$\frac{\partial U_i}{\partial G_i} > 0, \quad \frac{\partial U_i}{\partial T_i} < 0$$

$$\max NU_i = U_i(G_i) - U_i(T_i)$$

$$\text{s.t } G_i + X_i P_i = M_i$$

根據拉格朗日函數，上式可以表示爲：

$$S = U_i(G_i) - U_i(T_i) + \lambda(M_i - G_i - P_i X_i)$$

其一階條件分別爲：

$$\frac{\partial L}{\partial G_i} = \frac{\partial U_i}{\partial G_i} - \lambda = 0$$

$$\frac{\partial L}{\partial T_i} = \frac{\partial U_i}{\partial T_i} - \lambda = 0$$

由於 $\frac{\partial L}{\partial G_i} = \frac{\partial L}{\partial T_i} = 0$，

所以 $\frac{\partial U_i}{\partial G_i} = \frac{\partial U_i}{\partial T_i}$。

3.2.2 局部均衡

公共產品具有與私人產品不同的特徵，因而公共產品具有和私人產品不同的需求曲線和供給曲線。

對私人產品進行局部均衡分析可以得知，私人產品的市場需求是對不同個人需求的水平加總。因爲，在私人產品那裡，每個人是價格的接受者，他能調整的只是產品的需求數量。

而在公共產品的局部均衡分析中，假設市場中只有單個公共產品。公共產品一旦被提供，則對每個人來說都可等量使用。雖然每個人所能使用的是同樣數量的公共產品，但他所願意支付的價格是不一樣的。如果要獲得支付公共產品價格的市場總意願，則需要把不同個人的需求線垂直進行縱向加總，即公共產品的總需求等於個人需求的垂直加總。在公共產品的供給曲線確定以後，與總需求曲線的交點決定公共產品的最優供給。

3.2.3 林達爾均衡

1919年，瑞典經濟學家埃里克·羅伯特·林達爾（Erik Robert Lindahl）從另一角度對公共產品的最優供給進行了分析。林達爾提出了兩個假設前提：一是每個人都願意準確地公布自己可以從公共產品的消費中獲得的邊際效益，而不會隱瞞或低估其邊際效益，從而逃避自己應分擔的稅收；二是每個人對其他人的偏好以及收入狀況十分清楚，甚至清楚地瞭解任何一種公共產品可以給彼此帶來的真實的邊際效益，因此不會有隱瞞個人邊際效益的可能。最後，他認爲如果每個人都按照其所獲得的公共產品的邊際效益的大小，來支付自己應當分擔的公共產品的稅收，則公共產品的供給就可以達到最佳或高效率的配置，這被稱爲林達爾均衡。

3.3 公共產品的供給模式

按照公共產品供給主體角度的不同，可以劃分出以下三種公共產品供給模式：

3.3.1 公共部門供給模式

公共部門供給模式就是指政府直接或者間接地介入公共產品生產。從亞當·斯密到保羅·薩繆爾森，他們都認爲政府是公共產品天然的、惟一的供給者。1954年，保羅·薩繆爾森發表了《公共支出的純理論》，揭示了公共產品與市場機制之間的矛盾，揭示了公共產品的特徵，從而爲人們從產品屬性角度判斷公共產品的公共性提供依據。總體來說，政府供給公共產品是爲了解決市場失靈問題。公共部門供給公共產品的種類主要有國防、文教、衛生、經濟、科技等領域的基礎設施等。

3.3.2 私人部門供給模式

隨著人們對私人在公共產品供給中的作用的進一步認識，以及現實中政府提供公共產品存在的政府失靈，私人部門供給公共產品問題越來越受到重視。公共經濟學認爲，私人部門供給公共產品需要三個方面的條件：一是私人部門供給的公共產品一般應是準公共產品。準公共產品具有規模小、成本低、涉及的消費者數量有限等特點，可以通過市場方式提供。二是在公共產品的消費上必須具備完善的排斥性技術，即可以將不付費者排斥在消費者以外。三是政府必須提供一系列制度保障，最主要的是產權安排。私人部門供給公共產品種類主要有慈善機構、私人醫院等。

3.3.3 公共部門與私人部門合作供給模式

純粹的公共部門供給公共產品和純粹的私人部門供給公共產品是公共產品供給的兩個極端情況，現實生活中，公共產品供給呈現出多主體、多中心的混合供給模式。

20世紀90年代初，西方國家掀起新公共管理改革浪潮，政府和市場合作的公共產品供給模式的發展如火如荼。其中PPP（公共部門與私人部門合作）模式大受推崇且運行機制不斷完善，在公共產品供給中的作用日益凸現。與前兩種純粹的公共產品供給模式相比較，PPP供給模式的優點在於，可以在公共部門與私人部門之間建立起一種長期的風險共擔、利益共享的合作機制，雙方作爲平等的主體，依靠契約維繫。通過PPP模式，可以吸引私人部門資本進入公共產品供給領域，推動混合所有制改革，充分利用私人部門的市場活力、專業管理優勢，提高公共產品的供給效率。私人部門供給公共產品種類主要有城市軌道交通、污水處理、垃圾處理項目等。

專欄：北京地鐵四號線

我國PPP模式的上一波熱潮始於申奧成功後的奧運會場館建設，其中北京地鐵四號線是PPP模式運作的經典案例。

北京地鐵四號線項目，是我國城市軌道交通領域第一個正式實施特許經營的項目，也是國內第一個運用PPP模式引入市場部門運作的地鐵項目。首先，在招標環節上，項目就注重從世界一流的城軌建設公司當中來挑選精英公司；其次，在融資上也是運用PPP模式進行融資，充分調動社會資本進入公共服務領域；再次，在運營過程中，打破了只有一家壟斷的經營理念，引進了港鐵公司，使運營成本更加透明化；最後，運用PPP模式，政府轉換了角色，真正變成了監管者，政府提出要求，監管企業按照要求提升質量。

因此，北京地鐵項目使政府節約了投資，公衆享受到了舒適的服務，社會資本也獲得了穩定的回報。相反，如果北京地鐵四號線採用傳統模式，投資大概需要600億，而運用PPP模式只需500億，節省了將近100億資金。

在市場看來，北京地鐵四號線之所以能成功，還有多方面因素：一是四號線是骨幹地鐵線，有穩定的客流支撐；二是社會資本參與PPP運作的僅占總投資30%的可經營部分；三是公私雙方制定了具體、可執行的風險收益平衡機制，真正體現了PPP的長期合作夥伴關係。

資料來源：康曦. 借鑒成功經驗 四川PPP項目將不斷落地開花 [N]. 金融投資報，2014-12-25（2）.

總結提要

1. 公共產品主要指那些同時具有非排他性和非競爭性的產品或服務。一般來講，公共產品由公共部門供給，用來滿足社會公共需要。

2. 根據對公共產品特徵的分析，我們可以將公共產品劃分成純公共產品和準公共產品。如果一種產品或服務同時完全滿足非排他性和非競爭性，就是純公共產品。

3. 公共產品供給均衡分析的主要方法有庇古均衡、局部均衡分析和林達爾均衡等。

4. 庇古均衡認爲：對於每個人來說，公共產品的最優供給將發生在這樣一點上，即公共產品消費的邊際效用等於稅收的邊際負效用。

5. 局部均衡分析中，如果需要獲得支付公共產品價格的市場總意願，需要把不同個人的需求線進行縱向加總，即公共產品的總需求等於個人需求的垂直加總。在公共產品的供給曲線確定以後，其與總需求曲線的交點決定公共產品的最優供給。

6. 如果每個人都按照其所獲得的公共產品的邊際效益的大小，來支付自己應當分擔的公共產品的稅收，則公共產品的供給就可以達到最佳或高效率的配置，這被稱爲林達爾均衡。

7. 按照公共產品供給主體角度不同，有以下三種公共產品供給模式：①公共部門供給模式；②私人部門供給模式；③公共部門與私人部門合作供給模式。

復習思考題

1. 公共產品有哪些特徵？
2. 舉例分析一些重要的公共產品。
3. 爲什麼要進行公共產品提供？
4. 林達爾均衡的實質是什麼？
5. 請嘗試提出幾種思路，解決公共產品市場供給中的搭便車行爲。

第 4 章　公共選擇

本章學習目標：

- 基本瞭解公共選擇理論的產生與發展；
- 基本瞭解公共選擇理論的研究方法；
- 熟練掌握直接民主決策下的公共選擇；
- 熟練掌握間接民主決策下的公共選擇；
- 基本瞭解公共選擇下的尋租。

選擇是經濟學永恒的研究課題。在市場環境下，私人產品根據市場供求關係來決定生產和消費的種類、數量和價格。此時，對私人產品的決策反應的是個人偏好。公共產品需要面對的是集體偏好與決策問題，其難題就是公眾偏好揭示問題，主要由公共產品所固有的特徵——非排他性和非競爭性而決定。公共選擇，就是把個人偏好轉化爲集體偏好並表達出來。

4.1　公共選擇理論概述

公共選擇又稱集體選擇、政治的經濟學，是指通過政治活動（如投票）來取代價格機制，決定公共產品的供給與需求，從而將個人偏好轉化爲集體偏好的一種過程。公共選擇是一種資源配置的非市場決策機制。

公共選擇理論是一門介於經濟學和政治學之間的新的交叉學科，以經濟學分析工具來研究非市場決策的政治活動的理論。作爲研究集體決策的公共選擇理論，它有兩個鮮明的特點：一是集體性，單個人的決策不在研究範圍之內，只研究人群的集體決策；二是規則性，決策的前提就是要制定規則，在個人之間存在偏好差異的情況下，必須制定規則以使人們的行爲協調起來。公共選擇理論研究內容主要包括：投票規則、政治家行爲、選民行爲等。

4.1.1　公共選擇理論的產生與發展

公共選擇理論的思想源頭要追溯到 18 世紀至 19 世紀，當時的一些數學家對投票問題產生了興趣並進行了研究，法國數學家孔多塞（Condorcet）就是先驅代表人物。到了 20 世紀，經濟學家開始對財政決策問題進行初步研究。這些研究成果共同構成了公共選擇理論的思想源頭。

公共選擇理論產生於20世紀40年代末，並於20世紀五六十年代形成了公共選擇理論的基本原理和理論框架。英國經濟學家鄧肯·布萊克（Duncan Black）被尊爲"公共選擇理論之父"。他於1948年發表的《論集體決策原理》一文，爲公共選擇理論奠定了基礎。他的1958年出版的《委員會和選舉理論》被認爲是公共選擇理論的代表作。公共選擇理論的領袖人物當推美國經濟學家詹姆斯·布坎南（James M. Buchanan, Jr.）。布坎南是從20世紀50年代開始從事公共選擇理論研究的，他發表的第一篇專門研究公共選擇的文章是《社會選擇、民主政治與自由市場》。布坎南與戈登·塔洛克（Gorden Tullock）二人合著的《同意的計算——立憲民主的邏輯基礎》被認爲是公共選擇理論的經典著作。布坎南因在公共選擇理論方面的建樹，尤其是提出並論證了經濟學和政治決策理論的契約和憲法基礎，而獲得1986年度諾貝爾經濟學獎。此外，著名經濟學家阿羅（K. J. Arrow）和唐斯（A. Downs）對公共選擇理論的建立和發展也做出了重要貢獻。此後，公共選擇理論作爲經濟學的一個重要分支，得到了經濟學界廣泛的關注，也得到了蓬勃的發展。

4.1.2　公共選擇理論的研究方法

公共選擇理論是研究政治市場的經濟學，用到的是經濟學的基本研究方法。具體而言，公共選擇理論運用個體主義方法論、理性經濟人假設、政治活動的交易性等研究方法，並利用經濟學分析工具對政治活動進行分析。

1. 個體主義方法論

個人被看作是決策的基本單位，集體行動是由個體行動組成的。無論是在個人活動或是在集體活動中，個人都是最終的決策者。公共選擇的最終分析落實到政治活動的個體上。

2. 理性經濟人假設

經濟學上的理性經濟人假設認爲個人是自私的，總是在追求自身利益的最大化。經濟人的理性主要表現在：一是活動依據是成本-效益分析法；二是個人知識完備、偏好穩定，有很強的計算能力。公共選擇理論認爲個人在政治活動中也是理性的經濟人。個人在參與政治活動時也追求個人利益的最大化，也以成本-效益分析法爲根據，個人是利己的、理性的、依據個人偏好的，以最有利於自己的方式進行政治活動。

3. 政治活動的交易性

政治活動也是交易活動，只是交易的對象不限於市場性的商品，還包括選票在內的各種利益和好處。市場與政治之間的實質差別，不是個人追求的價值或利益的種類，而是個人追求其不同利益時所處的條件和手段。

4.1.3　公共選擇理論的研究內容

公共選擇理論研究的內容十分廣泛。在民主社會中，集體決策主要有兩種方式：一是直接民主決策，二是間接民主決策。公共選擇理論就是對這兩種決策方式進行深入的研究。直接民主決策是每個選民直接投票決定公共產品的數量與分配，公共選擇理論需要深入地研究投票問題，代表性研究如阿羅不可能定理等。間接民主決策採用的是代議制，即選民先選出代表，組成立法機關，再由立法機關根據一定的投票規則，來決定公共產品的供給數量，並由官僚機構負責執行。因此，公共選擇理論需要研究政黨理論、利益集團理論、官僚及尋租理論等問題。

4.2　直接民主決策下的公共選擇

4.2.1　投票規則

按照投票獲勝規則的不同，直接民主決策機制可以劃分爲一致同意規則和多數同意規則。

1. 一致同意規則

一致同意規則是指一項決策必須經過全體投票參與人全部通過或者沒有任何人提出反對的一種投票規則。通過這個規則做出的集體決策，能滿足所有人的要求與偏好，使所有人滿意。

一致同意規則的優點就是能夠實現政治市場上的帕累托效率。但在現實生活中，一致同意規則是很難實行的，主要因爲：

（1）決策成本高。每個個體的偏好和滿意度是不同的，一致同意規則要求投票參與人能夠通過自己的偏好和最大的滿意度進行投票。兩個人的決策，已經很難達成一致。決策人數越多，決策成本就會越高。

（2）存在機會主義行爲。一致同意規則會被某些別有用心的人輕易利用，使用自己的一票否決權去威脅和敲詐其他決策人。這樣就使該規則成爲這些人索取利益的工具。

因此，一致同意規則只能在決策人數比較少的公共決策中適當運用，而且要重視監督。

2. 多數同意規則

多數同意規則是指一項決策必須經過全體投票參與人半數以上贊成才可以獲得通過的一種投票規則。多數同意規則還可劃分爲簡單多數同意規則和比例多數同意規則。按照簡單多數同意規則，只要贊成票數超過二分之一，決策就可以通過；按照比例多數同意規則，贊成票數必須超過半數且要超過半數很多，這項決策才能通過。這種比例多數同意規則又可以分爲三分之二多數制、四分之三多數制、五分之四多數制等。

在現實生活中，具體使用哪種投票規則，由該決策中提出問題的重要性而定，多數同意規則確實比一致同意規則更實用，而且適用於大多數決策。但是多數同意規則也存在着一些問題：

（1）當投票人足夠多時，單個投票人的決策對投票結果影響微乎其微，會影響到投票人的積極性。同時，也會隱藏這部分人的個人偏好。

（2）存在投票悖論，即無法產生最後的均衡結果。

4.2.2 投票悖論與阿羅不可能定理

1. 投票悖論

所謂投票悖論，是指採用少數服從多數的投票規則，最終的決策結果可能不是唯一的。投票過程的次序安排，會導致不同的決策結果。早在18世紀，法國數學家孔多塞就提出了"投票悖論"。直至今日，投票悖論也一直是公共選擇理論研究的一個重點。

我們通過例子來說明投票悖論。假定有三個投票人甲、乙、丙，每個投票人要共同面臨A、B、C三種選擇方案，三個投票人的偏好排序如表4.1表示。

表4.1　　　　　　　　　　投票者個人偏好排序表

選擇順序 \ 投票者	甲	乙	丙
第一選擇	A	B	C
第二選擇	B	C	A
第三選擇	C	A	B

按照多數同意規則，我們試圖通過三個投票人的相互投票進行表決，找出一個非常穩定的集體偏好排序。

（1）投票人甲、乙、丙分別投一票。則A、B、C三種選擇方案各得一票，沒有找出集體偏好。

（2）投票人甲、乙、丙對A、B、C三種選擇方案進行兩兩投票。面對A和B，甲和丙的票選中A優於B，乙的票選中B優於A，A的票數比B多，所以投票結果為A；面對B與C，B的票數比C多，所以投票結果為B；最後面對C和A，C的票數比A多，所以投票結果為C。最終結果是依據集體偏好的傳遞性，這就使票選結果形成了循環狀態，這個循環狀態就是投票悖論。

（3）如果改變投票過程的次序，是否能消除投票悖論呢？我們採取淘汰制，即在兩兩表決中獲勝的表決才能參與投票，而未獲勝的方案就不可以再次參與投票。面對A和B，投票結果為A，B就不能參與票選。面對A和C，投票結果為C，則C成為最終投票結果。但是，如果在這次投票中，改變A、B、C三項選擇的順序，就又會出現不同的結果。這樣我們就會發現在投票人與偏好沒有改變的情況下，投票會出現不同結果。我們可以發現淘汰制雖然消除了"投票悖論"的影響，但是如果投票過程次序改變了，會出現不同的票選結果，即投票過程次序的不同造成了投票結果的不同。這說明，多數投票制度不一定能夠從個人偏好中找出集體偏好。

2. 阿羅不可能定理

1972年，諾貝爾經濟學獎得主阿羅對"將每個個體表達的先後次序綜合成整個群體的偏好次序"經過了深入的研究，並且使用很多方法對其進行了證明，在其著作《社會選擇與個人價值》中提出阿羅不可能定理。阿羅不可能定理認為，不可能存在這樣一種投票程序，即"它所產生的結果不受投票程序的影響，同時又尊重每個人的偏好，能將所有個人的偏好轉換成社會偏好，並作出前後一致的決策"。

4.2.3 單峰偏好與中間投票人定理

儘管阿羅不可能定理的結論是悲觀的，但是人們並沒有放棄找到更加理想的投票規則。1958年，針對投票悖論，鄧肯·布萊克在他的著作《委員會和選舉理論》中提出，通過適當限制個人偏好，多數同意規則很可能會產生一種均衡的投票結果。

1. 單峰偏好

布萊克認為，通過對個人偏好加以適當限制，使其成單峰偏好狀態，則多數決策結果就可滿足可傳遞性，從而表現出穩定性，也打破了阿羅不可能定理中的悖論。

所謂單峰偏好，是指投票人在一組按某種標準排列的備選方案中，有一個最為偏好的選擇，而從這個方案向任何方面偏離，投票人的偏好程度或效用都是遞減的。布萊克進一步指出，如果假設各個選民的偏好都是單峰偏好，那麼最終投票的結果就可以避免阿羅不可能定理中的悖論。我們再通過例子來說明布萊克的這一理論。

我們把上一例中的偏好排序進行調整，調整後的結果見表4.2。

表4.2 投票者個人偏好排序表

選擇順序＼投票者	甲	乙	丙
第一選擇	A	B	C
第二選擇	B	C	A
第三選擇	C	B	A

按照多數同意規則，投票人甲、乙、丙對A、B、C三種方案進行兩兩表決，面對A與B，投票結果為B；面對A與C，投票結果為C；面對B與C，投票結果為B。可以看出，投票的最終結果是唯一的，且具有傳遞性，顯示出的集體偏好順序為B>C>A。如果我們使用坐標形式進行描繪的話就會發現峰值，也就是所說的單峰偏好。

表4.1和表4.2反應的是兩組不同的個人偏好結構。兩個表的區別在於，表4.1中，甲、乙兩個投票人是單峰偏好，而丙不是單峰偏好，導致了投票悖論的出現。而在表4.2中，三個投票人甲、乙、丙都是單峰偏好，其投票結果是穩定和唯一的。這驗證了單峰偏好理論。

2. 中間投票人定理

中間投票人又稱中位選民，是指在對一項決策投票中持中間立場，或者說是其偏好處於兩種投票人對立偏好的中間狀態的投票人。提出中間投票人定理的人是唐斯。唐斯在其1957年出版的《民主的經濟理論》一文中指出，如果在一個多數決策的模型中，個人偏好都是單峰的，則反應中間投票人意願的那種政策會最終獲勝，因為選擇該政策會使該群體的福利損失最小。中間投票人定理豐富了單峰偏好理論，為消除投票悖論做出了一定的貢獻。中間投票者定理表明，任何一個政黨或政治家，要想獲得足夠多的選票，必須使自己的競選方案與綱領符合中間投票人的偏好。這也爲美國等西方國家的政黨和國家領導人的選舉提供了更加民主和公正的手段。

4.3 間接民主決策下的公共選擇

間接民主決策機制也被稱爲代議制民主決策機制。上面所講的直接民主決策機制過於複雜而且所運行的成本非常高，這就造成其不能被經常運用。而西方國家使用的決策機制恰恰就是間接民主決策。

在間接民主決策機制中，選民、政治家和政府官員是三類必不可少的主要參與者，他們的偏好、行爲、對事物的看法以及性格特點都影響着決策結果。下面我們將詳細介紹一下間接民主決策機制下對決策起着重要影響的三類投票參與者。

4.3.1 選民的偏好以及行爲分析

1. 選民的偏好

一般來講，選民就是投票人。在間接民主決策機制下，選民所要完成的主要任務就是把能夠爲他們謀取利益的代表選舉出來。公共選擇理論認爲，選民在政治市場上所體現出來的偏好、行爲特點與在經濟市場上的消費者的偏好、行爲特點其實是一致的，沒有什麼區別。他們所遵循的都是利益最大化。選民之所以要去投票，那是因爲他們是理性經濟人，他們參與選舉的目的就是能夠通過參與政治獲取他們所需要的利益。

2. 選民的行爲分析

在間接民主決策機制下，選民對決策的投票會出現幾種不同的選擇：

（1）放棄投票。在某些特殊情況下，如果選民的選票對決策的影響很微弱的話，他的選票可能根本起不到什麼作用，他們有可能會放棄投票權。如果放棄選票的選民在所有選民中的比例增大的時候，其決策結果的可靠性就會下降，就不能成爲民主決策的依據。

（2）結成利益集團。如果某些選民都有着共同的利益，他們會爲其共同的利益而結成利益集團。與那些放棄投票權的選民相比較，結成利益集團的選民們會更加積極地參與投票，但同樣會造成其決策結果的可靠性的下降，從而造成非民主決策。利益集團通常都是人數較少且通過集體行動而獲取利益最大化的選民群體。人數多也會造成免費搭車現象的出現，選民最終放棄投票權。利益集團的行爲主要表現爲：①用手投票，利用選票集中對政府施加壓力；②用腳投票，將個人遷移到相同的區位進行投票；③用錢投票，爲競選提供金錢和物質上的幫助；④用嘴投票，通過遊說活動施加壓力和影響。

4.3.2 政治家的偏好以及行爲分析

1. 政治家的偏好

一般來講，政治家代表的是政黨。政治家通過參加競選由選民選舉而產生，他們的職責就是讓選民的利益得到最大化。但實際上，政治家不會爲了這個職責去採取行動。公共選擇理論認為：政治家也有自己的利益，那就是連任，這才是他們利益的最大化，而為了追求他們自己的利益，他就會通過各種手段讓選票數最大化。

2. 政治家的行為分析

政治家的行為目標是獲得最大化的選票數。

（1）兩黨制下政治家的行為。按照中間投票人定理，為了獲得多數人的支持，兩個政黨的政治家在競選時會提出一些最能被"中間投票人"接受的政策主張。這些政策主張一般會趨於一致，這就是美國總統換屆，國家政策並不會有明顯改變的原因。

（2）多黨制下政治家的行為。多黨制下，各個政治家代表的政黨的政策主張就不會存在趨同的現象。如果處於少數派地位的政治家打算謀取選舉的勝利，他們就會選擇與其他政黨結成聯盟，從而獲得多數派地位。因此，多黨制下，存在一個最優的策略，即讓對手的聯盟盡可能大，但自己保持一個最小的獲勝聯盟。但是，政治家會有行為的不一致，會使某些選民的利益受損。

4.3.3 政府官員的偏好以及行為分析

1. 政府官員的偏好

政府官員，是由政治家聘任來實施和執行政治家做出的決策的人，是公共決策的執行者、公共產品的生產者。政府官員掌握著管理技能與專業知識，他們一般在政府中的任期要比政治家的任期長。公共選擇理論認為，政府官員的行為特點同樣也是為了追求自身利益的最大化，比如高額薪酬、職位升遷等，而這些都來自於更大規模的部門和更大規模的財政預算。因此，政府官員的偏好就是追求財政預算規模的最大化。

2. 政府官員的行為分析

政府官員的行為，對於公共產品的供給會產生重大影響。雖然政府官員作為政治家的下屬，對政治家的決策進行執行和實施，但是公共產品供給方式卻掌握在這些政府官員們的手中。政府官員的專業知識和管理技能，使得他們並不被動，而是有一定的主動權。以上這些問題也使政府官員的實際權力在一定程度上超越了本身被賦予的權力，儘管政治家對他們的行為進行了監督和約束，但是效果也是有限的。這可能也是政府行政效率不能提高的一個重要根源。為了避免政府官員在政治市場上追求自身利益最大化可能帶來的弊端，改革政府官員體制勢在必行。

4.4 公共選擇下的尋租

尋租是公共選擇理論研究的重要內容。尋租的產生與政府的經濟活動相關，尋租活動常常與政府官員的活動相聯繫，並時常會導致腐敗的產生。

4.4.1 尋租

1. 尋租的含義

尋租理論思想最早來源於1967年美國經濟學家戈登·圖洛克（Gordon Tullock）的

著作《關於稅、壟斷和偷竊的福利成本》。1974年，安妮·克魯格（Anne Krueger）在探討國際貿易保護主義政策形成原因的論文《尋租社會的政治經濟學》中首次提出尋租的概念。該論文也使得安妮·克魯格成爲尋租理論的鼻祖之一。

尋租是政府失靈的一個基本類型。從字面上理解，尋租就是獲取租金的活動。在公共選擇理論中，尋租就是用較低的成本獲得較高收益或者超額利潤的行爲。政府官員利用行政權力大發橫財，利用合法或者不合法的手段獲得利益的行爲都是尋租活動。由此可見，尋租賴以生存的前提，是政府對市場的干預。尋租活動中有兩個主體：一是尋求政府給予特別利益的市場經濟主體；二是掌握資源配置權力的政府官員。他們共同分享了經濟租金。

2. 尋租的分類

（1）按照尋租活動產生的領域劃分，有政治尋租、經濟尋租。

（2）按照尋租活動的目的劃分，有爲了獲得壟斷地位而進行的尋租、爲了保持自己壟斷地位而進行的尋租、爲防止他人尋租給自己帶來損害而進行的尋租。

（3）現代經濟條件下，最常見的尋租活動有四種：政府的特許權、政府定價、政府關稅與進出口的配額、政府採購。

4.4.2 尋租與腐敗的關係

尋租有合法的方式，也有不合法的方式。不合法的方式常常表現爲賄賂、拉攏關係等行爲。這些行爲會誘發腐敗。一般來講，腐敗是指政府官員運用手中的權力來獲取私利的行爲。

尋租和腐敗雖然是兩個不同的概念，但是許多腐敗都是由尋租引起的。公共選擇理論認爲，政府官員也是經濟人，會追求個人利益的最大化。一旦政府官員發現他們除了自己的合法收入以外，還可以獲得經濟租金，他們就有可能通過自己手中的公共權力去追求這些不合法的收益，從而引發腐敗。

尋租與腐敗會給社會帶來嚴重的後果，主要表現在這幾個方面：一是帶來資源的浪費；二是阻礙市場機制的有效運行；三是造成社會收入分配的不公平；四是損害了政府的公正性和權威性。

專欄：政府決策既要杜絕"拍腦袋"又要防止"一言堂"

南京市近日出臺並開始施行《南京市人民政府議事決策規則（試行）》（以下簡稱"規則"），今後有關南京發展的民生事項、城市建設、經濟發展、生態保護等重大決策，誰都不能"拍腦袋"，均由市政府全體會議、常務會議、市長辦公會議、專題會議等拍板，強化集體審議制度。

在政府決策上杜絕領導"拍腦袋"，的確是點到了政府運行的"穴位"上。目前，各地主要領導"拍腦袋工程""拍腦袋規劃"並不少見，很多都未經科學規劃、嚴謹論證，往往留下"後遺症"或隱患，有的甚至成了"爛尾"和"半拉子"工程，廣大幹部群衆對此很有意見。要做到科學決策、民主決策，真正讓群衆滿意，必須杜絕主要領導決策"拍腦袋"。

如何徹底杜絕？需要一系列制度予以保障和監督。南京市此次出臺《規則》，表明了政府要將權力關進制度籠子的決心，讓人爲之叫好。目前不少地方也都有類似規則出臺。而需要提醒的是，有了這些"決策會議"，會不會又出現"一言堂"？會不會以"一言堂"來代替"拍腦袋"？因爲很多領導以往的"拍腦袋"決策，也是通過了一系列"會議"進行所謂"決策"。但在這些"決策會議"中，一個人說了算，"拍腦袋"決策被披上了"合乎程序"這件外衣。

因此，設立議事決策規則，以此杜絕"拍腦袋"決策，還只是邁出了第一步。要將規則真正運行好，仍須發揮集體的智慧，杜絕決策"一言堂"。

杜絕"一言堂"，在當下，難度不可小覷。儘管憲法明文規定了民主集中制原則，中央也提出要健全和認真落實民主集中制的各項具體制度。但不必諱言，有制度不執行的情況仍較爲嚴重。實際工作中，在涉及重大決策時，往往都由一些"一把手"說了算，有"集中"沒"民主"現象仍較普遍。當這些決策出現失誤或造成不良後果時，則往往以"集體決策""班子責任"來應對、搪塞，這也造成了一些主要領導在決策時往往膽子過大、獨斷專行、剛愎自用，而且很難聽進不同意見。

"一言堂"現象存在的背後，則是各種規章制度甚至重大議事原則的形式主義化、虛無化，民主程序、過程監督成爲"走過場"，民主集中制變成"一言堂"，"一把手說了算"成了班子成員間心照不宣的事。由此看來，我們缺乏的不是制度，而是對制度不折不扣的執行、對制度執行的有效監督。

中紀委研究室日前在解讀十八屆中央紀委三次全會精神時指出，要切實強化權力制衡，按照分工負責原則，適當分解主要領導幹部權力，減少主要領導幹部對具體事務的插手干預，積極探索推廣主要領導幹部不直接分管具體事務的制度。從實踐看來，僅要求主要領導"管好自己"還遠遠不夠，讓民主集中制的各項規章制度嚴格落到實處，並加強社會監督，讓決策過程真正透明公開，才是解決問題的關鍵。

資料來源：耿聯. 既要杜絕"拍腦袋"又要防止"一言堂"[N].新華日報，2014-02-11（A02）.

總結提要

1. 公共選擇又稱集體選擇、政治的經濟學，是指通過政治活動（如投票）來取代價格機制，決定公共產品的供給與需求，從而將個人偏好轉化爲集體偏好的一種過程。公共選擇是一種資源配置的非市場決策機制。

2. 公共選擇理論運用個體主義方法論、理性經濟人假設、交易政治等研究方法，並利用經濟學分析工具對政治活動進行分析。

3. 投票悖論，是指採用少數服從多數的投票規則，最終的決策結果可能不是唯一的，而是依賴於投票過程的次序安排，會導致不同的決策結果。

4. 阿羅不可能定理認爲，不可能存在這樣一種投票程序，即"它所產生的結果不受投票程序的影響，同時又尊重每個人的偏好，能將所有個人的偏好轉換成社會偏好，並作出前後一致的決策"。

5. 單峰偏好，是指投票人在一組按某種標準排列的備選方案中，有一個最爲偏好的選擇，而從這個方案向任何方面偏離，投票人的偏好程度或效用都是遞減的。

6. 中間投票者定理表明，任何一個政黨或政治家，要想獲得足夠多的選票，必須使自己的競選方案與綱領符合中間投票人的偏好，這也爲美國等西方國家的政黨和國家領導人的選舉提供更加民主和公正的手段。

7. 在間接民主決策機制中，選民、政治家和政府官員是三類必不可少的主要參與者，他們的偏好、行爲、對事物的看法以及性格特點都影響着決策結果。

8. 在公共選擇理論中，尋租就是用較低的成本獲得較高收益或者超額利潤的行爲。尋租活動中有兩個主體：一是尋求政府給予特別利益的市場經濟主體；二是掌握資源配置權力的政府官員。

復習思考題

1. 簡要評述公共選擇理論的發展演變脈絡。
2. 公共選擇理論的研究方法有哪些？
3. 公共選擇理論的研究內容有哪些？
4. 如何解決投票悖論？
5. 簡要分析間接民主決策下的公共選擇。
6. 舉例説明尋租活動造成的社會後果，並論述如何治理尋租。

第 5 章　公共支出

本章學習目標：
- 準確把握公共支出的含義、特徵和分類；
- 基本瞭解公共支出的規模與結構；
- 熟練掌握公共支出的效益分析方法。

公共部門經濟職能的履行和作用的發揮依賴公共支出活動來實現。公共支出是公共部門活動的一個重要方面，對經濟運行有著廣泛而重要的影響。

5.1　公共支出概述

在深入探討公共支出之前，首先要界定公共支出的含義，並探討公共支出的特徵和分類。

5.1.1　公共支出的含義

公共支出，又稱政府支出或財政支出，是指公共部門為履行其職能而支出的一切費用的總和。公共支出反應的是政府的政策決策，一旦政府決定向社會投入一定數量的公共產品，公共支出就代表執行這些政策所需要付出的成本。所以，公共支出就是政府活動的成本，包括提供公共產品，以及為實現收入分配而進行的轉移支付。

5.1.2　公共支出的特徵

公共支出是公共部門履行其職能的具體表現之一，具有不同於私人支出的一些特徵。

1. 公共支出的主體是公共部門

公共產品的屬性決定了其主要應由公共部門提供，公共部門也就成了公共支出的最主要的主體。雖然在現實中，公共產品的具體提供者不一定是公共部門，也存在由私人部門來供給的情況，但最終的支出仍然是以公共部門為主。

2. 公共支出的資金來源是財政收入

公共支出的主體是公共部門，其資金主要來源於公共部門的財政收入。公共部門的財政收入主要包括稅收、公共收費、債務及有償公共服務等。財政收入的主要用途是滿足公共需要。但是，隨著政府介入經濟活動的範圍與程度不斷加大、加深，公共支出也常常出現赤字現象。

3. 公共支出的目的是滿足社會公共需要

由於公共支出的資金來源於財政收入，財政收入又來源於全社會成員的勞動所得，所以公共支出的最終目的是滿足全社會成員的公共需要。在現代經濟條件下，凡不屬於公共需要領域的事務，凡是可以通過市場滿足的社會需要，都不應該被納入公共支出的範疇。

4. 公共支出具有非市場營利性

滿足社會公共需要雖然也是具有價值性的活動，但公共支出卻不能像私人部門的經營活動一樣獲取市場營利價值，即公共支出具有非市場營利性特徵。雖然公共部門提供的某些公共產品也可能附帶產生一定的利潤，但其基本的出發點和歸宿仍然是滿足社會的公共需要，而非營利。

5.1.3 公共支出的分類

公共支出是由不同支出項目所構成的，可以反應政府在一定時期內的政治經濟目標和政策取向，也能在一定程度上反應國家經濟發展的階段性特徵。公共支出的分類體系因各國的政治體制以及經濟社會發展程度的差異而不盡相同。

1. 按政府職能分類

按照公共支出的含義，政府履行什麼樣的職能，相應就有什麼樣公共支出。按政府職能對公共支出進行分類，可分為一般公共服務支出、經濟服務支出、社會服務支出以及其它功能支出四大類。

（1）一般公共服務支出。一般公共服務支出主要包括政府用於行政、外交、國防、司法、公共秩序以及公共安全等方面的支出。

（2）經濟服務支出。經濟服務支出是指政府用於交通、燃料與能源服務、採礦業、制造業、工農業、漁業等方面的支出。

（3）社會服務支出。社會服務支出是政府向社會提供服務的支出，主要包括政府的社會保險支出、社會福利和救濟支出、教育、醫療、住房以及環境衛生等方面的支出。

（4）其他功能支出。其他功能支出主要是指政府的利息支出和對其他政府機構如對下級政府的轉移性支出。

2. 按經濟性質分類

按照公共支出能否得到相應的直接的商品或服務為標準，可劃分為購買性支出和轉移性支出兩大類。

（1）購買性支出。購買性支出又稱消耗性支出，是政府直接夠買商品和勞務的支出，包括購買政府日常行政活動所需的或者國家建設投資所需的商品和勞務支出。

（2）轉移性支出。所謂轉移性支出，主要包括政府部門用於失業補助、養老金補貼以及債務利息等方面的支出。

3. 按最終用途分類

按照最終用途，公共支出可分為消費性支出、積累性支出和補償性支出三大類。

（1）消費性支出。消費性支出是用於社會公共消費方面的支出，主要包括文教、衛生、科學事業費、撫恤和社會救濟、行政、國防等各項支出。

（2）積累性支出。積累性支出是直接用於社會物質財富生產和國家物資儲備的支出，主要包括基本建設支出、流動資金支出、國家物資儲備支出、科技三項費用支出、支農支出、地質勘探費用支出以及各種經濟建設事業、城市維護事業中增加固定資產部分的支出。

（3）補償性支出。補償性支出是用於補償生產過程中消耗掉的生產資料方面的支出，主要用於進行企業固定資產的重置和更新改造。

4. 中國公共支出分類

2007年1月1日實施新的政府收支分類改革之前，中國一直沿用計劃經濟體制下的支出分類體系。一方面，按支出功能將政府支出分爲經濟建設費、社會文教費、國防費、行政管理費、其他支出五大類。另一方面，按支出用途劃分出若干項"財政主要支出項目"。

我國現行政府支出分類科目框架體系，是2007年參照國際貨幣基金組織（IMF）對各成員國的要求並結合我國實際情況確定的，分爲支出功能分類科目和支出經濟分類科目。根據我國財政部預算司頒布的《政府收支分類改革方案》中的分類，將公共支出分爲類、款、項三級，分爲17類、160多款、800多項。其中類級科目綜合反應政府的職能活動，款級科目反應政府爲了完成某項職能所進行的某一方面的工作，項級科目反應爲完成某一方面的工作所發生的具體支出事項。主要類級科目如下：

（1）一般公共服務支出類。包括32款：人大事務、政協事務、政府辦公廳（室）及相關機構事務、發展與改革事務、統計信息事務、財政事務、稅收事務、審計事務、海關事務、人事事務、紀檢監察事務、人口與計劃生育事務、商貿事務、知識產權事務、工商行政管理事務、食品和藥品監督管理事務、質量技術監督與檢驗檢疫事務、國土資源事務、海洋管理事務、測繪事務、地震事務、氣象事務、民族事務、宗教事務、港澳臺僑事務、檔案事務、共產黨事務、民主黨派及工商聯事務、群眾團體事務、彩票事務、國債事務、其他一般公共服務支出。

（2）教育支出類。分爲10款：教育管理事務、普通教育、職業教育、成人教育、廣播電視教育、留學教育、特殊教育、教師進修及干部繼續教育、教育附加及基金、其他教育支出。

（3）科學技術支出類。分爲9款：科學技術管理事務、基礎研究、應用研究、技術研究與開發、科技條件與服務、社會科學、科學技術普及、科技交流與合作、其他科學技術支出。

（4）文化體育與傳媒支出類。包括6款：文化、文物、體育、廣播影視、新聞出版、其他文化體育與傳媒支出。

（5）社會保障和就業支出類。包括17款：社會保障和就業管理事務、民政管理事務、財政對社會保險基金的補助、補充全國社會保障基金、行政事業單位離退休、企業關閉破產補助、就業補助、撫恤、退役安置、社會福利、殘疾人事業、城市居民最低生活保障、其他城鎮社會救濟、農村社會救濟、自然災害生活求助、紅十字事業、其他社會保障和就業支出。

（6）社會保險基金支出類。包括6款：基本養老保險基金支出、失業保險基金支出、基本醫療保險基金支出、工傷保險基金支出、生育保險基金支出、其他社會保險基金支出。

（7）醫療衛生支出類。分爲10款：醫療衛生管理事務、醫療服務、社區衛生服務、醫療保障、疾病預防控制、衛生監督、婦幼保健、農村衛生、中醫藥、其他醫療衛生支出。

（8）城鄉社區事務支出類。包括10款：城鄉社區管理事務、城鄉社區規劃與管理、城鄉社區公共設施、城鄉社區住宅、城鄉社區環境衛生、建設市場管理與監督、政府住房基金、國有土地使用權出讓金、城鎮公用事業附加、其他城鄉社區事務支出。

（9）農林水事務支出類。包括7款：農業、林業、水利、南水北調、扶貧、農業綜合開發、其他農林水事務支出。

另外，還包括環境保護支出類、外交支出類、國防支出類、公共安全類、交通運輸支出類、工業商業金融等事務支出類、其他支出類以及轉移性支出類等支出。

2016年，爲了更好地貫徹落實《中華人民共和國預算法》，實施全面規範、公開透明的預算制度，財政部印發了《支出經濟分類科目改革試行方案》，提出對支出經濟分類科目改革，其主要思想是：根據《中華人民共和國預算法》的有關要求，充分考慮政府預算和部門預算的特點和管理要求，分設政府預算經濟分類和部門預算經濟分類兩套科目。兩套科目均設置類、款兩個層級。政府預算經濟分類增設反應機關和參照《中華人民共和國公務員法》管理事業單位的工資、商品和服務支出、資本性支出、對個人和家庭的補助、對事業單位的補助、對企業的補助、債務還本付息支出和轉移性支出等科目；部門預算經濟分類在現有經濟分類的基礎上，取消政府預算專用科目，同時增設體現部門預算特點的科目。

專欄：我國超額完成教育經費支出占GDP比例4%的目標

近期，教育部、國家統計局、財政部發布的全國教育經費統計公告顯示，2012年國家財政性教育經費支出2.2萬億元，占GDP的比例達到4.28%，超額完成了2010年《國家中長期教育改革和發展規劃綱要（2010—2020年）》提出的4%的目標。

對此，教育部副部長杜玉波說："這一目標的實現得益於三方面。一是政策得力，爲實現4%，國務院專門印發《關於進一步加大財政教育投入的意見》，出臺了嚴格落實教育經費法定增長要求、提高財政教育支出占公共財政支出的比重、提高預算內基建投資用於教育的比重、拓寬財政性教育經費來源渠道等一系列重大政策。二是財政給力，在全國教育經費總投入中，財政性教育經費所占的比重超過80%，是教育事業的第一大保障；在國家財政性教育經費中，公共財政預算撥款所占比重接近90%，是經費來源的第一大渠道；在全國公共財政支出中，財政教育支出所占比重超過16%，是公共財政的第一大支出。三是地方努力，2.2萬億年度財政性教育經費中，中央支出不到20%，80%都在地方。地方政府是財政性教育經費投入、使用和管理的責任主體，爲實現4%付出了巨大努力，做出了重大貢獻。"

杜玉波提到，為實現4%，財政部會同教育部採取了三大舉措：一是逐級核定了財政教育支出占比。這是實現4%目標最為核心的舉措。二是拓寬了財政性教育經費來源渠道。三是建立了評價激勵機制。

杜玉波強調："4%的實現，是我國教育發展史上的一個重要里程碑。目前，國家用於教育的錢逐年增加，為教育辦了多少年想辦而沒有辦成的一些大事、好事和難事，極大地促進了教育發展和教育公平。"

但同時他又表示，這一目標的實現不是終點，而是新的起點。目前我國教育支出總規模達到歷史最高水平，但保障水平仍然偏低，特別是各級各類教育生均經費遠低於中上收入國家平均水平。2萬多億元財政性教育經費中，70%是教師工資和學校運轉支出等剛性支出，而且4%中有的用於化解債務補歷史欠帳，有的用於軍校、黨校等非國民教育，有的用於離退休人員等社會支出。與實現"中國夢"，完成十八大和十八屆二中全會、十八屆三中全會提出的教育發展目標和改革任務相比，教育的薄弱環節還很多，差距還很大。

杜玉波說："要全面落實黨的十八大對教育提出的目標和要求，努力辦好人民滿意的教育，仍需要各級政府嚴格落實教育經費法定增長要求，依法加大財政投入力度，鞏固4%成果，進一步提高教育經費保障水平。"

資料來源：我國超額完成教育經費支出占GDP比例4%目標［EB/OL］.［2014-02-20］http：//edu.people.com.cn/h/2014/0220/c1053-24419181.html.

5.2 公共支出的規模與結構

5.2.1 公共支出的規模

1. 公共支出規模的含義

公共支出規模反應了政府經濟活動的範圍和對經濟的干預程度，是用來衡量一定時期內政府支配社會資源的多少、供給公共產品數量的多少、滿足社會公共需求能力高低的一項重要指標。公共支出規模有助於真實地考察政府在一定時期內的公共支出情況。

2. 公共支出規模的測量

測量公共財政支出規模的指標有兩種：一是絕對量指標，二是相對量指標。

（1）絕對量指標，是指一國在一定時期內（通常為一個財政年度）所有公共支出的貨幣價值總額。

（2）相對量指標，是指一國在一定時期內公共支出占當期相關經濟指標如國民生產總值（GNP）或國內生產總值（GDP）的比重。

絕對量指標和相對量指標有可能反應出不一致的公共支出規模趨勢。可能會出現這樣一種情況：一方面，絕對量指標反應出公共支出規模在不斷擴大；另一方面，相對量指標卻不斷降低，反應出公共支出規模不斷縮小。

5.2.2 公共支出增長

1. 公共支出絕對量的變化

現代經濟的發展和社會公共需求日益擴大，另外，社會經濟總規模和國民收入的絕對數量已非過去所能比擬，這也直接決定了公共支出絕對規模的迅速增長。

2. 公共支出相對量的變化

公共支出絕對量的持續擴張，表明了公共支出的發展趨勢。但是，由於價格統計和通貨膨脹等因素的影響，使得公共支出的相對量比絕對量的變化更有比較意義。

3. 公共支出的內容和範圍的變化

政府職能性質和範圍的不斷變化，會導致公共支出的內容和範圍也有所變化，並導致公共支出絕對量和相對量不斷發生變化。

5.2.3 公共支出增長理論

世界各國的公共支出無論從絕對量還是相對量來看，都呈現不斷增長的趨勢，引起了公共經濟學界的廣泛關註。學者們從不同角度對公共支出規模的增長進行解釋，形成了各種公共支出增長理論。其中有代表性的理論主要有以下四種：

1. 瓦格納法則

德國經濟學家阿道夫·瓦格納（Adolf Wagner）關於公共部門規模增長的最早解釋被認為是分析公共支出增長的最為經典的論述。19世紀末，阿道夫·瓦格納在對當時幾個先進工業國家進行考察後，發現這些國家的公共部門無論在絕對規模上還是在相對規模上都存在着增長的趨勢，從而提出了"公共支出擴張法則"即"瓦格納法則"：政府的公共支出與經濟增長之間存在着函數關係，隨著人均收入水平的提高，公共支出占國民生產總值的比重會逐步提高。對於公共支出相對比重的提高，瓦格納把原因解釋為政治因素、經濟因素、需求因素的存在，現代工業發展和工業化進程的加快，引起了社會進步的要求，社會進步導致政府活動的擴張。

雖然瓦格納只是指出了公共支出不斷增長這一現象，並沒有清楚地說明導致這一現象的根本原因，但他的理論已經在市場經濟中得到了較為充分的證實。

2. 梯度漸進增長理論

20世紀60年代初，英國財政學家皮考克（Peacock）和懷斯曼（Wiseman）通過對英國公共支出近百年增長的歷史進行分析，提出了梯度漸進增長理論。

梯度漸進增長理論認為，公共支出增長的原因有兩個方面：

（1）內在因素。在社會的正常發展時期，隨著經濟的發展和收入的上升，政府稅收收入也相應增長。一般來講，政府為了追求政治權力最大化會選擇多支出，則公共支出也同步增長。這時，政府支出增加與 GDP 增長呈一種線性關係，即政府公共支出是漸進擴大的。

（2）外在因素。在社會的非正常發展時期，例如政府在遇到戰爭、自然災害等災難時，為了穩定社會和發展經濟，政府不得不急劇增加支出。當社會恢復正常後，由於意外事故可能會遺留眾多的問題，例如重建基礎設施，仍需要新的政府支出。因此，每一次較大的經濟社會動盪和自然災害，都會加大政府公共支出。

由於内在因素與外在因素的存在，梯度漸進增長理論提出：公共收入和公共支出總是同步增長的。

3. 經濟發展階段論

美國經濟學家馬斯格雷夫（Musgraoe）和羅斯托（Walt Whitman Rostow）對公共支出增長的原因進行了進一步解釋，提出了經濟發展階段論。該理論認為，經濟發展需要三個階段：經濟發展早期階段、經濟發展中期階段和經濟發展成熟階段。公共支出的增長也分為對應的三個階段：

（1）經濟發展早期階段，百業待興，公共部門需要為經濟發展提供社會基礎設施，因此，在社會總投資中，政府的投資占有比例比較高。經濟發展階段論認為，這些投資對一個國家經濟發展早期階段的經濟發展起到至關重要的作用。

（2）經濟發展中期階段，社會基礎設施供求趨於平衡，政府會繼續進行投資，但這只是日益增長的私人投資的補充。同時，由於市場失靈的存在，政府必須加強對經濟的干預，因此公共支出會繼續增加。

（3）經濟發展成熟階段，公共支出重點就會轉移，通常從社會基礎設施的投入不斷轉向教育、衛生和社會保障等服務，並導致這些方面的支出不斷增加。這些方面支出的增加遠遠超過其他方面支出的增加，最終導致公共支出規模擴大。

4. 非均衡增長理論

非均衡增長理論由美國經濟學家威廉·杰克·鮑莫爾（William Jack Baumol）提出，主要是通過分析公共部門平均勞動生產率的狀況對公共支出增長原因做出解釋。

他將國民經濟部門分為進步部門和非進步部門兩個部門。前者生產率不斷提高，後者生產率提高緩慢。兩個部門的差異來自技術和勞動發揮作用的不同，在進步部門，技術起著決定作用；在非進步部門，勞動起著決定作用。假設兩個部門工資水平相同，且工資隨著勞動生產率提高而上升。鮑莫爾把公共部門看做非進步部門，把私人部門看做進步部門。由於公共部門是非進步部門，而該部門的工資率與私人部門的工資率呈同方向等速度變化。因此，在其他因素不變的情況下，生產率偏低的公共部門的規模會隨著私人部門工資率的增長而增長。也就是說，公共部門生產力相對落後是公共支出增長的主要原因。

對公共支出增長理論做出貢獻的還有公共選擇學派。該學派把經濟分析的工具和方法應用到了公共決策過程的分析中，對公共支出不斷增長的形成機制也有着獨持的見解。這里不再贅述。

5.2.4 公共支出的結構

1. 公共支出結構的含義

公共支出結構，是指公共支出的内部比例關係，也就是各類公共支出在總支出中所占的比重。這一比例是否合理，影響和決定着政府能否充分發揮經濟職能。

2. 公共支出結構的影響因素

一定時期的公共支出結構，不是任意形成和主觀臆定的，而是受政治、經濟等多種因素制約的。影響公共支出結構的因素主要有以下幾個方面：

（1）政府職能。公共支出是政府活動的資金來源，同時也是政府活動的成本總和。政府職能及活動範圍決定了一定時期內公共支出的方向和比例，也就決定了公共支出的結構。

（2）政府發展目標。公共支出的結構是由政府發展目標決定的。一定時期內的公共支出比例，必須同該時期政府的發展目標相適應，才能保證政府所承擔任務的完成及發展目標的實現。一個國家在不同的歷史時期或不同的發展階段中，政府的目標和工作重心不同，財政支出的結構也不同。

（3）市場資源配置方式。市場資源配置方式主要有計劃經濟體制和市場經濟體制兩種。實行計劃經濟體制的國家，都是由政府壟斷社會資源，資源配置方式以政府集中配置為主，政府既承擔了"社會公共需要"方面的事務，也承擔了大量競爭性、經營性等方面的事務。公共支出中經濟建設支出所占的比重比較高；而實行市場經濟體制的國家，以市場配置為資源配置的主要方式，公共支出中經濟建設支出所占比重較低。

3. 公共支出結構的優化

優化公共支出結構，建立與公共財政相適應的公共支出結構，是公共經濟學研究中的一項重要課題。判斷一個國家的公共支出結構是否合理、優化，主要可以從以下幾個方面加以註意：

（1）合理、優化的公共支出結構，應該與政府職能、發展目標、經濟體制、經濟發展階段相適應。

（2）合理、優化的公共支出結構，應該使其內部各部分之間協調。

（3）合理、優化的公共支出結構，應該具有高效益的特點。

5.3 公共支出的效益分析

隨著我國新一輪財稅體制改革序幕的拉開，公共支出績效管理已經成為社會公眾和理論界關註的熱點。在長期的公共經濟學實踐中，公共支出項目繁多，不同公共支出項目的效益所表現的形式也不同。有些公共支出項目有直接的經濟效益，有些公共支出項目只有社會效益而沒有直接的經濟效益，還有些公共支出項目既有經濟效益又有社會效益。針對效益形式不同的公共支出項目，應採用不同的效益分析方法。

5.3.1 成本-效益分析法

對於那些有直接經濟效益的公共支出項目（如基礎設施投資支出），一般採用成本-效益分析法。成本-效益分析法的概念首次出現在19世紀法國經濟學家朱樂斯·帕帕特（Jules Parpat）的著作中。其後，這一概念被義大利經濟學家維弗雷多·帕累托

（Vilfredo Pareto）重新界定。到 1940 年，美國經濟學家尼古拉斯·卡爾德（Nicholas Calder）和約翰·希克斯（John Hicks）對前人的理論加以提煉，形成了成本-效益分析的理論基礎即卡爾德-希克斯準則。一般來講，成本-效益分析作爲一種經濟決策方法，是將成本費用分析運用於公共部門的計劃決策之中，以尋求如何以最小的成本獲得最大的效益。常用於評估需要量化社會效益的公共事業項目的價值。在公共經濟學研究中，成本-效益分析中的"成本"多指機會成本。隨著經濟的發展，人們把私人部門中進行投資決策的成本-效益分析法運用到財政分配領域，成爲政府進行公共支出決策的重要方法。

公共支出成本-效益分析的基本思路就是，在一定時期內，對可供選擇的公共支出項目方案，用一定的方法計算出各方案的全部預期成本和全部預期效益，通過計算成本-效益的比率，來比較不同方案的效益，選擇最優的公共支出項目方案。這種方法，特別適用於公共支出中有關投資性支出項目的分析。

需要註意的是，公共支出的成本-效益分析與私人支出有着顯著的不同，主要體現在以下兩個方面：

（1）對公共支出進行經濟決策要以社會福利最大化爲目標，而不能像私人支出一樣追求利潤最大化。社會福利最大化包含公平與效率兩個子目標，在大部分場合，應優先考慮效率，並兼顧公平。按照效率目標，對任何一個公共支出項目來說，由於成本的客觀存在，該項目的實施必然要損及某些私人部門的利益。這個時候，遵循效率原則就不再是帕累托最優。只要該項目能夠使受益者的獲益超過受損者的損失，我們就認爲這一項目符合效率標準。按照公平目標，對任何一個公共支出項目來說，要更多地考慮讓弱勢群體獲得更大的權重。

（2）許多公共支出項目的投入和產出不能直接用市場價格來測算。原因在於：一是與許多公共支出項目符合的市場價格根本不存在，比如市場上不存在自然資源得以保護和保持生態平衡的價格等；二是由於市場失靈現象的存在，在許多場合，市場價格不能反應相關產品的真實社會邊際成本或社會邊際收益。因此，在測算公共支出項目的投入和產出時，如果沒有市場價格，需要估算影子價格；如果有市場價格，則需要對市場價格進行修正。

總之，由於公共支出的成本-效益分析具有以上的特點，因此具體方法也與私人支出的成本-效益分析不同。對於公共支出來說，進行成本-效益分析的程序一般包括以下四個步驟：①根據公共支出的目標，確定一系列公共支出備選方案；②確定每種備選方案的投入量和將會實現的產出量；③計算每個方案的成本和效益之比；④選擇最優的方案。

5.3.2 公共支出效益的其他分析方法

1. 最低費用選擇法

對於那些只有社會效益，且其產品不能進入市場的公共支出項目（如國防支出），一般採用最低費用選擇法進行。最低費用選擇法，就是指對每個備選的公共支出項目方案進行分析時，只計算備選方案的有形成本，而不用貨幣計算備選方案支出的社會效益，並以成本最低爲擇優的標準。該方法主要適用於軍事、行政、文化等公共支出項目。

2. 公共勞務收費法

對於那些既有社會效益，又有經濟效益，但其經濟效益難以直接衡量，而其產品可以全部或部分進入市場的公共支出項目（如交通、教育等支出），一般採用公共勞務收費法。所謂公共勞務，就是指政府爲行使職能而進行的各種工作。政府向社會提供這些公共勞務，供全體社會成員所使用。公共勞務收費法，就是通過制定和調整公共勞務的價格或收費標準，來改進公共勞務的使用狀況，使之達到提高公共支出效益的目的。對公共勞務的定價政策，一般有四種情況：免費、低價、平價和高價。免費和低價政策適用於義務教育、強制注射疫苗等，平價政策適用於公路、鐵路、醫院等，高價政策適用於繁華地段的機動車停車收費等。

3. 公共定價法

公共定價法是政府通過一定的程序和規則制定公共產品的價格和收費標準的方法，是政府保證公共產品供給和實施公共產品管理的一項重要職責。公共定價一般包括兩個方面：一是純公共定價，即政府直接制定自然壟斷行業的價格；二是管制定價，即政府規定涉及國計民生而又帶有競爭性行業的價格。公共定價法一般包括平均成本定價法、二部定價法和負荷定價法。

專欄：四川成都財政：以支出績效評價規範權力運行

今年以來，四川省成都市財政大力推進支出績效評價工作，強化部門預算約束機制，規範預算單位支付行爲，提升財政資金使用績效，以績效評價規範財政權力運行，切實保障財政職能作用更好發揮。

一是以點帶面，有的放矢破解財政管理難題。近來，成都市陸續選取多個財政支出項目開展績效評價。在摸石過河、累積經驗基礎上，針對工作開展中存在的問題，紮實深入開展調研，制定《財政專項資金績效管理調研工作方案》，組織相關單位赴外地學習考察，爲全面推進預算績效管理找準方向。

二是建章立制，高屋建瓴完成頂層設計。在前期充分調研、反復研究論證基礎上，於2月出臺《關於全面推進預算績效管理的意見》，從預算績效管理的目標意義、基本原則、主要內容和保障措施等方面，對預算支出績效評價工作進行制度性的頂層設計，爲全面推進預算績效管理、提高財政資金使用效益提供制度基礎。

三是精心組織，穩步推進財政支出績效評價。研究出臺《2014年市級財政支出績效評價工作方案》，擬對市級78個重點項目和5個市級部門全面開展支出績效評價。在具體實施過程中，將在修訂完善績效評價指標體系基礎上，成立12個評價工作組和1個督查工作組，深入開展績效評價工作。同時，此次工作將引入第三方機構獨立開展部分項目績效評價，探索建立第三方獨立評價工作機制。

資料來源：四川成都財政：以支出績效評價規範權力運行[EB/OL].[2014-05-20]. https://rc.mbd.baidu.com/zyyjnjc.

總結提要

1. 公共支出，又稱政府支出或財政支出，是指公共部門為履行其職能而支出的一切費用的總和。公共支出反應的是政府的政策決策，一旦政府決定向社會投入多少數量的公共產品，公共支出則代表執行這些政策所需要付出的成本。所以，公共支出就是政府活動的成本，包括提供公共產品，以及為實現收入分配而進行的轉移支付。

2. 公共支出是公共部門履行其職能的具體表現之一，具有不同於私人支出的一些特徵：①公共支出的主體是公共部門；②公共支出的資金來源是財政收入；③公共支出的目的是滿足社會公共需要；④公共支出具有非市場營利性。

3. 公共支出的分類體系因各國的政治體制以及經濟社會發展程度的差異而不盡相同。按政府職能分類有一般公共服務支出、經濟服務支出、社會服務支出以及其它功能支出四大類；按照公共支出能否得到相應的直接的商品或服務為標準劃分為購買性支出和轉移性支出兩大類；按照最終用途，公共支出可分為消費性支出、積累性支出和補償性支出三大類。

4. 公共支出規模反應了政府經濟活動的範圍和對經濟的干預程度，是用來衡量一定時期內政府支配社會資源的多少、供給公共產品數量的多少、滿足社會公共需求能力高低的一項重要指標。測量公共財政支出規模的指標有兩種：一是絕對量指標，二是相對量指標。

5. 學者們從不同角度對公共支出規模的增長進行解釋，形成了各種公共支出增長理論。其中有代表性的理論主要有以下四種：①瓦格納法則；②梯度漸進增長理論；③經濟發展階段論；④非均衡增長理論。

6. 公共支出結構，是指公共支出的內部比例關係，也就是各類公共支出在總支出中所占的比重。影響公共支出結構的因素主要有以下幾個方面：①政府職能；②政府發展目標；③市場資源配置方式。

7. 在長期的公共經濟學實踐中，公共支出項目繁多，不同公共支出項目的效益所表現的形式不同。有些公共支出項目有直接的經濟效益，有些公共支出項目只有社會效益而沒有直接的經濟效益，還有些公共支出項目既有經濟效益又有社會效益。針對效益形式不同的公共支出項目應採用不同的效益分析方法：①成本-效益分析法；②最低費用選擇法；③"公共勞務"收費法；④公共定價法。

復習思考題

1. 公共支出的特徵有哪些？
2. 簡述公共支出可以劃分為哪些類型。
3. 如何測量公共支出的規模？

4. 試運用"瓦格納法則"解釋政府公共支出不斷擴張的行爲。
5. 簡述成本-效益分析法的含義和基本步驟。
6. 請結合中國實際,論述公共支出結構如何優化。

第 6 章　公共收入

本章學習目標：

- 準確把握公共收入的含義、分類和統計口徑；
- 基本掌握公共收入的規模與結構。

公共收入是公共支出的經濟來源，是以政府爲主要代表的公共部門正常運轉的基礎和根本保障。

6.1　公共收入概述

6.1.1　公共收入的含義

公共收入，又被稱爲財政收入、預算收入或政府收入，是指以政府爲主要代表的公共部門爲滿足公共支出的需要而籌集的一切貨幣收入的總和。公共收入的實質是將私人部門的一部分資源轉移到公共部門並由其加以集中使用的過程，是公共部門經濟活動的一個重要方面。公共部門提供的公共產品的範圍與數量在很大程度上由公共收入的充裕狀況決定。

公共收入包含兩層含義：一方面，公共收入是貨幣資金，即公共部門按照一定的原則，占有的一定量的社會產品價值；另一方面，公共收入又是一個過程，即公共部門籌集貨幣資金的過程。

6.1.2　公共收入的分類

公共收入分類是公共收入管理的重要組成部分。對公共收入分類可以幫助我們尋求組織和增加公共收入的有效途徑，加強對公共收入的組織和管理。根據國際貨幣基金組織 2001 年《政府財政統計手冊》的分類標準，政府有 4 種主要的收入來源渠道：稅收、社會繳款、贈與收入和其他收入。

2007 年我國政府收支分類改革後出臺的《2007 年政府收支分類科目》，參考國際上的政府收入分類標準，結合中國的實際情況，將政府收入分爲稅收收入、社會保險基金收入、非稅收入、貸款轉貸回收本金收入、債務收入、轉移性收入共 6 類。其中非稅收入包括政府性基金收入、專項收入、彩票資金收入、行政事業性收費收入、罰沒收入、國有資本經營收入、國有資源（資產）有償使用收入、其他收入 8 款。

6.1.3 公共收入的統計口徑

公共收入的口徑有大小之分。其中：

1. 最小口徑

僅包含稅收收入。

2. 小口徑

除稅收收入外，還包含納入公共預算的非稅收入。這是最爲常用的一個公共收入口徑，實際上是指政府收入中被納入公共財政預算進行管理、政府可以統籌使用的那部分收入，包括稅收收入和其他非稅收入，但不包括政府債務收入。專款專用的政府收入如社會繳款不應包含在內。我國統計年鑒中對外公布的財政收入即是通過這個口徑統計的。

3. 中口徑

是指在小口徑的公共收入基礎上加入社會保障繳費收入。

4. 大口徑

是指公共部門全部的收入。

6.2 公共收入的規模與結構

6.2.1 公共收入規模

1. 公共收入規模的含義

公共收入規模是指公共收入的價值總量，具體包含三層含義：

（1）時間的概念，通常爲一定時期內的收入流量；

（2）空間的概念，通常指一個國家的中央政府的公共收入，也可以指該國家的地方政府的公共收入；

（3）數量的概念，是指公共部門以稅收與非稅收形式所占有經濟資源的價值總量。

2. 公共收入規模的測量

公共收入規模通常從其絕對量和相對量來測量：

（1）公共收入規模的絕對量。公共收入規模的絕對量是指一定時期內公共收入的總數量。一方面，公共收入規模的絕對量在一定程度上反應一個國家在一定時期內的經濟發展水平和財力集散程度；另一方面，從動態角度對公共收入規模的絕對量進行分析，可以看出公共收入規模隨著經濟發展和政府職能變化而增減變化的情況和趨勢。

（2）公共收入規模的相對量。公共收入規模的相對量是在一定時期內公共收入與經濟變量的百分比。這類指標通常有三類：公共收入占 GDP 的百分比、稅收收入占 GDP 的百分比、非稅收入占 GDP 的百分比。由於公共收入主要來源於稅收收入，稅收是最主要、最穩定和最可靠的公共收入，因此，公共收入占 GDP 的百分比，也可以用稅收收入占 GDP 的百分比來衡量，即我們所說的"宏觀稅率"。

6.2.2 公共收入規模的影響因素

謀求公共收入持續擴張是公共部門的目標,但是公共收入規模的擴張與否,不是以公共部門的主觀意志為轉移的,而是受到各種政治經濟條件的制約和影響,包括經濟發展水平、生產技術水平、經濟體制。

1. 經濟發展水平

經濟發展水平是影響公共收入規模最主要的因素。經濟發展水平反應一個國家社會財富的高低和產品的豐裕程度。一方面,經濟發展水平越高,社會財富就越多,可以給公共收入提供更大的擴張空間;另一方面,經濟發展水平越高,產品越豐富,GDP 就越高,公共收入相應地就越多。經濟發展水平對公共收入規模的影響不僅體現在公共收入的總量上,也體現在公共收入占 GDP 的相對量上。一般來講,發達國家的公共收入大多要高於發展中國家。

2. 生產技術水平

生產技術水平是影響公共收入規模的又一個重要因素。一定的經濟發展水平總是與一定的生產技術水平相適應的,生產技術水平是經濟發展水平的支柱。據測算,在發達國家中,技術進步對經濟增長率的貢獻在 20 世紀初約為 5.2%,而從 20 世紀 70 年代開始達到 70%~80%。

3. 經濟體制

在社會經濟發展水平和生產技術水平既定的前提下,經濟體制成為影響公共收入規模的重要因素。這裡的經濟體制主要包含對資源進行配置的機制、政府的分配體制和政策等。其中,在計劃經濟體制下,絕大多數的資源和社會財富分配權高度集中在政府手中,計劃機制決定了公共收入的規模;在市場經濟體制下,政府間接地影響資源和社會財富的分配,市場機制決定了公共收入的規模。政府的分配體制和政策又決定了公共收入的實際規模。不同的分配體制和政策,決定了公共收入規模的不同。

在現實社會中,公共收入規模還會受到諸如宏觀經濟政策、社會傳統習慣、價格水平等因素的影響,這裡不再一一贅述。

6.2.3 公共收入結構

1. 公共收入結構的含義

公共收入結構,是指公共收入來源的多種構成、比例及其相互關係。公共收入結構主要包含三個方面的類型:

(1) 公共收入的形式結構,是指公共收入中稅收收入和非稅收入之間的比例關係。

(2) 公共收入的部門結構,是指公共收入中第一、第二、第三產業收入的比例關係。

(3) 公共收入的經濟類型結構,是指公共收入中國有經濟部門和非國有經濟部門收入之間的比例關係。

公共收入結構一直以來受到公共經濟學界的重點關注,因為公共收入結構是否合理直接關係到國民經濟和社會事業的穩定、協調發展。

2. 公共收入結構的優化

公共收入結構的優化，就是指實現最優的公共收入結構的過程。最優的公共收入結構，主要指以最小的經濟效率的損失爲獲取最大程度的公共收入的增加的結構。其內涵主要包括：

(1) 公共收入水平增長是以最小經濟效率的損失爲前提條件的。
(2) 公共收入種類的增長應該是協調的、合乎客觀規律的。
(3) 公共收入的優化過程中，收入本身必須是規範的。

目前，我國公共收入面臨的主要問題是公共收入結構失調，導致稅收收入不能持久，公共產權流失嚴重。因此，優化公共收入結構的基本思路就是在最小經濟效率損失的前提下，最大限度地增加公共收入，促進各種形式的公共收入協調增長。一方面，要進一步健全和完善以稅收收入爲主要來源的公共收入的穩定增長機制；另一方面，要大力挖掘非稅收入的增長潛力，進行公共收入體系改革，採取有效措施防止公共收入的流失，促進公共收入增長。

專欄：2013 年四川財政收入 2 784.1 億 同口徑增長 14.6%

昨日，省財政廳廳長王一宏向省十二屆人大常委會第十次會議做了《關於四川省 2013 年財政決算的報告》（以下簡稱《報告》）。2013 年，全省地方公共財政收入 2 784.1億元，完成預算的 103.6%，同口徑增長 14.6%。全省公共財政支出 6 220.91億元，完成預算的 90.8%，增長 14.1%。

統計顯示，2013 年，全省稅收收入占地方公共財政收入的比重爲 75.6%，提高 0.1 個百分點；公共財政總收入占 GDP 的比重爲 16%，提高 0.3 個百分點，收入質量持續提升。支出結構繼續優化，民生保障、產業發展和基礎設施建設支出占比提高 0.4 個百分點，達到 83.3%。資金使用績效不斷提高，全省結餘資金爲 633.09 億元，減少 9.3%；省級結餘資金爲 211.74 億元，減少 25.4%。"民生取向極大彰顯。"王一宏說，2013 年，全省財政民生支出達 3 987.6 億元，占總支出的比重達到 64.1%，是 2010 年的 1.5 倍。不斷完善以公共教育、社會保障、醫療衛生、就業促進、住房保障爲主要內容的廣覆蓋、多層次、可持續的民生保障體系，保障和改善民生的長效機制日漸成熟。同時，全省財政工作管理改革深入推進。啟動實施了省級專項資金管理改革，省級專項預算項目壓縮 40% 以上；嚴格控制一般性支出，全省壓縮一般性支出 21 億元（"三公"經費 6.9 億元），其中：省本級壓縮一般性支出 5 億元（"三公"經費 0.8 億元），全部安排用於支持社會化養老機構新增養老床位 5 萬個。

根據《報告》，今年 1—6 月，全省地方公共財政收入達 1 640.92 億元，完成預算的 53.6%，增長 8.9%，高於全省生產總值增幅 0.4 個百分點。按照厲行節約、勤儉辦事的要求，我省切實加強支出管理，強化預算編制約束，嚴格預算執行管理，嚴格控制一般性支出，特別是"三公"經費支出。今年，省級部門財政撥款"三公"經費預算安排 5.98 億元，下降 16.7%。

此外，今年我省繼續堅持把保障和改善民生作爲公共財政的基本取向，優化支出結構。在繼續實施"十項民生工程"的基礎上，將免除家庭經濟困難高中學生學費、提高城鄉居民醫療保險水平等困難群衆急需急盼解決的19件民生實事作爲保障重點，繼續保持對教育、就業、社會保障、醫療衛生、保障性住房等方面的投入力度。截至6月底，全省各級"十項民生工程"和19件民生實事預算執行總額達到1 120.91億元，占資金安排總額的90.3%。

資料來源：王玲雅. 2013年四川財政收入2 784.1億同口徑增長14.6% [N]. 成都日報，2014-07-29.

總結提要

1. 公共收入，又被稱爲財政收入、預算收入或政府收入，是指以政府爲主要代表的公共部門爲滿足公共支出的需要而籌集的一切貨幣收入的總和。

2. 對公共收入分類可以幫助我們尋求組織和增加公共收入的有效途徑，加強對公共收入的組織和管理。根據國際貨幣基金組織2001年《政府財政統計手册》的分類標準，政府有4種主要的收入來源渠道：稅收、社會繳款、贈與收入和其他收入。

3. 公共收入規模是指公共收入的價值總量，具體包含三層含義：①時間的概念，通常爲一定時期內的收入流量；②空間的概念，通常指一個國家的中央政府的公共收入，也可以指該國家的地方政府的公共收入；③數量的概念，是指公共部門以稅收與非稅收形式所占有經濟資源的價值總量。

4. 謀求公共收入持續擴張是公共部門的目標，但是公共收入規模的擴張與否，不是以公共部門的主觀意志爲轉移的，受到各種政治經濟條件的制約和影響，包括經濟發展水平、生產技術水平、經濟體制。

5. 公共收入結構，是指公共收入來源的多種構成、比例及其相互關係。公共收入結構主要包含三個方面的類型：①公共收入的形式結構；②公共收入的部門結構；③公共收入的經濟類型結構。

復習思考題

1. 公共收入的主要形式有哪些？
2. 公共收入的統計口徑有哪些？
3. 如何測量公共收入的規模？
4. 請結合中國實際，論述公共收入結構如何優化。

第 7 章 稅收

本章學習目標：

- 準確把握稅收的含義、特徵、構成要素和分類；
- 基本掌握稅收原則；
- 熟練掌握稅收負擔的轉嫁與歸宿分析。

據中國國家稅務總局發布數據，2016年，扣減出口退稅後，全國稅務部門組織稅收收入115 878億元，比2015年增長4.8%。現代經濟中，稅收已經成為公共收入的主要來源。

7.1 稅收概述

7.1.1 稅收的含義

1. 稅收的概念

稅收是國家為滿足社會公共需要，依據其職能，按照法律規定，參與社會產品的分配，強制、無償地取得公共收入的一種規範形式。

2. 稅收的本質

稅收的本質就是國家憑藉公共權力，按照法律所規定的標準和程序，參與國民收入分配，強制取得公共收入的一種特定分配方式。它體現了國家與納稅人在徵收、納稅的利益分配上的一種特殊關係。馬克思指出："賦稅是政府機器的經濟基礎，而不是其他任何東西。"恩格斯指出："為了維持這種公共權力，就需要公民繳納費用——捐稅。"

7.1.2 稅收的特徵

稅收特徵可以概括為：強制性、無償性和固定性，也就是所謂的"稅收三性"。

1. 強制性

稅收的強制性是指政府以社會管理者的身份，直接憑藉政治權力，通過法律形式對納稅人實行強制徵收。這種強制性特徵體現在兩方面：一是稅收分配關係的建立具有強制性，即稅收徵收完全是憑藉國家擁有的政治權力；二是稅收的徵收過程具有強制性，即如果出現了稅收違法行為，國家可以依法進行處罰。

2. 無償性

稅收的無償性是指政府向納稅人進行的無須償還的徵收。這種無償性特徵體現在兩方面：一是指政府獲得稅收收入後無需向納稅人直接付出任何報酬，二是指政府徵到的稅收不再直接返還給納稅人本人。稅收的無償性是稅收的關鍵性特徵，它反應的是一種社會產品所有權、支配權的單方面轉移關係，而不是等價交換關係。稅收的無償性是區分稅收收入與其他公共收入形式的重要特徵。

3. 固定性

稅收的固定性是指國家通過法律形式事先規定了徵稅對象、稅基及稅率等要素。稅收徵納雙方必須按稅法規定徵稅和納稅，非經國家法令修訂或調整，雙方都無權隨意變更徵納標準。

7.1.3 稅收的構成要素

稅收的構成要素，是指組成稅收總體的成分。稅收的構成要素回答了由誰納稅、對什麼徵稅、徵多少稅這些最基本的稅收問題，能夠直接反應稅收分配關係。

1. 納稅主體

納稅主體，又稱納稅人或納稅義務人，是指稅法所規定的直接負有納稅義務的個人或單位。納稅主體必須依法納稅並服從國家的稅務管理，如有違犯，稅務機關有權依法給予處罰。實際中，要注意區分納稅主體的兩個方面：一方面，從法律上的納稅主體看，無論徵收什麼稅，其稅負都要由有關的納稅人來承擔；另一方面，從經濟上的納稅主體看，納稅主體是指稅收的實際負擔人。稅法並不能明確規定稅收的實際負擔人，因為稅收最終由誰來負擔在很大程度上取決於稅負的轉嫁。

2. 納稅客體

納稅客體，又稱徵稅對象，是指對什麼徵稅，即國家徵稅的標的物，是國家據以徵稅的依據。它規定了每一種稅的徵稅界限，是一種稅區別於另一種稅的主要標誌。每一種稅一般都有特定的徵稅對象。具體來說，徵稅對象主要包括：徵稅範圍、稅目、計稅依據、計稅標準、稅類、稅種、稅基和稅源等。

3. 稅率

稅率是應納稅數量與徵稅對象數量之間的法定比例，是計算稅額和稅收負擔的尺度，體現徵稅的程度。稅率的高低，直接關係到國家公共收入和納稅人的負擔，同時也反應著國家經濟政策的要求。不同稅率又可細分為不同形式。

（1）定額稅率，是指對每一單位的徵稅對象直接規定一個固定稅額的一種稅率。它是稅率的一種特殊形式，一般適用於從量定額徵收的稅種，如汽車牌照稅。具體運用時，又可分為地區差別定額稅率、幅度定額稅率和分類分級定額稅率等形式。

（2）比例稅率，是指對同一徵稅對象，不論數額大小，均按同一比例計徵的一種稅率。一般適用於商品流轉額稅種的徵收，如營業稅。在具體運用上，比例稅率又可分為產品比例稅率、地區差別比例稅率和幅度比例稅率等形式。

（3）累進稅率，是指隨徵稅對象數額或相對比例的增大而逐級提高稅率的一種遞增等級稅率，即按徵稅對象或相對比例的大小，劃分為若干不同的徵稅級距，規定若干高低不同的等級稅率。徵稅對象數額或相對比例越大，規定的等級稅率越高；反之，稅率越低。一般適用於按照實際收益和財產徵收的稅種，如個人所得稅。在具體運用上，累進稅率又可分爲全額累進稅率、超額累進稅率、全率累進稅率、超率累進稅率、超倍累進稅率等幾種。

7.1.4　稅收的分類

根據不同的標準，可以對稅收進行不同的分類。

1. 按徵稅對象的不同劃分

稅收按徵稅對象的不同主要分爲所得稅、流轉稅和財產稅。其中，流轉稅是指以商品交換和提供勞務的流轉額爲徵稅對象的稅收。流轉稅是我國稅收收入中的主體稅種，占稅收收入總額的60%左右，主要流轉稅稅種有增值稅、消費稅、營業稅、關稅等。

2. 按徵稅對象的計量標準不同劃分

稅收按課稅對象的計量標準不同可劃分爲從價稅和從量稅。從價稅是指以徵稅對象的價格爲計稅依據的稅收，如增值稅、營業稅等。從量稅是指以徵稅對象的數量、重量、容量或體積爲計稅依據的稅收，如我國消費稅中的啤酒、汽油、柴油等課稅項目採用的就是從量稅的形式。

3. 按稅收與價格的關係劃分

按稅收與價格的關係可分爲價內稅和價外稅。價內稅是指稅款構成商品或勞務價格組成部分的稅收。價外稅是指稅款作爲商品或勞務價格以外附加的稅收。從我國目前的稅制看，消費稅、營業稅等屬於價內稅，增值稅在零售以前各環節採取價外稅，在零售環節採取價內稅。

4. 按稅負能否轉嫁劃分

按稅負能否轉嫁可分爲直接稅和間接稅。直接稅是指由納稅人直接負擔稅負、不發生稅負轉嫁關係的稅收，如個人所得稅、企業所得稅、財產稅。間接稅是指納稅人能將稅負轉嫁給他人負擔的稅收，如各種流轉稅稅種。

5. 按稅收管理權限和使用權限劃分

按稅收管理權限和使用權限可分爲中央稅、地方稅、中央和地方共享稅。中央稅是指中央管轄徵收並支配的稅種，如我國目前的消費稅、關稅。地方稅是指由地方管轄徵收並支配的稅種，如我國目前的契稅、房產稅、耕地占用稅、土地增值稅、城鎮土地使用稅、車船稅等。中央和地方共享稅是指屬於中央政府與地方政府共同享有並按照一定比例分成的稅種，如增值稅、個人所得稅、企業所得稅、證券交易印花稅等。

6. 我國現行稅種

目前，我國共有增值稅、消費稅、營業稅、企業所得稅、個人所得稅、資源稅、城鎮土地使用稅、房產稅、城市維護建設稅、耕地占用稅、土地增值稅、車輛購置稅、車船稅、印花稅、契稅、烟葉稅、關稅、船舶噸稅、固定資產投資方向調節稅19個稅種。其中，17個稅種由稅務部門負責徵收；固定資產投資方向調節稅由國務院決定從2000年起暫停徵收；關稅和船舶噸稅由海關部門徵收，另外，進口貨物的增值稅、消費稅也由海關部門代徵。

7.2 稅收原則

7.2.1 稅收原則概述

稅收原則又稱徵稅準則，是指國家進行稅收活動的準則，依此制定稅收的具體制度和政策。稅收原則的核心問題是如何使稅收關係適應一定的生產關係的要求，體現了政府徵稅的基本思想。

7.2.2 稅收原則理論的產生與發展

稅收原則理論起源於17世紀，以及該理論發展至今，已成爲獨立的理論體系。英國古典政治經濟學的創始人威廉·配第（William Petty）在他的著作《賦稅論》和《政治算術》中最早提出"稅收原則"一詞，提出了稅收的公平、簡便和節省三條標準。亞當·斯密總結了前人在稅收原則理論研究方面的經驗和稅制建設的一般規律，明確地提出稅收必須遵循平等、確定、便利和最少徵收費用四個原則。這在稅收原則理論的發展中是具有劃時代意義的。此後，德國的社會政策學派創始人瓦格納（Wagner）進一步作了補充，提出了稅收原則應分爲財政政策原則、國民經濟原則、社會公平原則和稅務行政原則四個方面，以及充分原則、彈性原則、選擇稅源原則、選擇稅種原則、普遍原則、平等原則、確實原則、便利原則、徵稅費用節約原則九條具體內容，即"四端九項原則"的理論。現代一些經濟學家認爲，判斷整個社會是否已達到最大的經濟福利，須按照效率、公平兩項準則據以衡量，對於稅收的選擇評價也應依據這兩項準則，即稅收的效率原則和公平原則。

7.2.3 現代稅收原則

1. 財政原則

財政原則是指稅收必須爲國家籌集充足的財政資金，以滿足國家職能活動的需要。具體內容包括：

（1）充裕原則，即選擇稅源廣大、收入穩定的徵稅對象。
（2）彈性原則，即稅收收入要隨著公共支出的需要進行調整。
（3）便利原則，即必須確立盡可能方便納稅人納稅的稅收制度。
（4）節約原則，即要做到節省稅務行政費用。

2. 經濟原則

經濟原則是指稅收制度的建立應有利於保護國民經濟，避免對經濟活動產生負面影響，應促進國民經濟持續、均衡發展。具體內容包括：

（1）配置原則，即稅收活動必須有利於資源配置。
（2）效率原則，主要包括兩個方面：第一，稅收的經濟效率原則，即國家徵稅要有利於資源的有效配置和經濟機制的有效運行；第二，稅收本身的效率原則，即以最小的稅收成本取得最大的稅收收入。

3. 公平原則

公平原則是指稅收負擔應公平合理地分配於全體社會成員之間。在當代西方稅收學界看來，稅收公平原則是設計和實施稅收制度的最重要的原則。具體內容包括：

（1）普遍原則，即除特殊情況外，稅收應由本國全體公民共同負擔。

（2）平等原則，主要包括兩個方面：第一，橫向公平，又稱爲"水平公平"，即對相同境遇的人徵收相同的稅；第二，縱向公平，又稱爲"垂直公平"，即對不同境遇的人徵收不同的稅。在這裏，判斷"境遇"的標準一般包括受益標準和能力標準（收入、財產和支出等）。

7.2.4 最優稅收理論

理想的稅收制度應該是同時兼顧效率與公平的稅制。但是，現實中，公平與效率往往存在着很大衝突。最優稅收理論就是通過規範分析，研究如何構建兼顧效率原則與公平原則的稅收制度。

1. 最優稅收理論概述

由於徵稅對象的選擇主要是在消費與所得之間進行的，最優稅收理論也是從最優商品稅和最優所得稅產生和發展起來的。1897年，英國經濟學家埃奇沃斯（Francis Y. Edgworth）最早研究了最優稅收問題。他在假設收入邊際效用遞減的條件下，發現通過累進的所得稅可以達到"劫富濟貧"的效果，實現收入的均等化。美國經濟學家詹姆斯·莫里斯（James A. Mirrlees）在其著作《最優所得稅理論探討》和《最優收入理論》中主要論述了如何解決最優所得稅的問題。1927年，英國經濟學家弗蘭克·拉姆齊（Frank Plumpton Ramsey）在其論文《對稅收理論的貢獻》中研究了最佳商品稅問題，提出了著名的"拉姆齊法則"。拉姆齊法則提出，稅率的設定應使得徵稅前後消費者的消費結構保持相對不變。最優商品稅率應和該商品需求彈性成反比。隨著最優所得稅理論和最優商品稅理論的不斷發展，很多學者開始研究不同稅收種類的組合搭配，形成了豐富的最優稅收理論。

最優稅收理論研究的是政府在信息不對稱條件下，如何徵稅才能保證效率與公平兼顧的問題。其核心在於對稅收的公平與效率原則進行整合，力求在兩者的權衡取舍之間選擇一個最優的組合。

2. 稅收的經濟效應

研究稅收的經濟效應是探討最優稅收的基礎。稅收的經濟效應主要有收入效應和替代效應。

（1）收入效應是指通過減少納稅人的稅後可支配收入而對經濟產生的影響。具體來講收入效應的內容是指徵稅只會使納稅人的收入減少，使支付能力和滿足程度下降，但並不改變他們的行爲方式，所發生的僅僅是資源從私人部門向公共部門的簡單轉移。

（2）替代效應是指稅收不僅影響納稅人的可支配收入，也會影響人們的各種經濟行爲，也就是用某種選擇替代另一種選擇。這時候發生的就不只是資源由私人部門向公共部門的簡單轉移，在轉移過程中還會發生對個人行爲的扭曲，產生效率損失。

3. 最優商品稅

對所有的商品按照統一的稅率徵稅，可以盡可能地使稅收只具有收入效應，是一種理想狀態。在現實中，指望統一的稅率來保證普遍的效率是不可能的。根據拉姆齊法則，一種商品的需求彈性越大，對其徵稅的潛在的替代效應就越大，因此最優商品稅要求對彈性相對較小的商品按照較高的稅率徵稅，而對彈性相對較大的商品按照較低的稅率徵稅。但是需要注意的是，彈性小的商品往往是生活必需品，對它課以重稅也有失公平。

4. 最優所得稅

最優所得稅理論的核心是如何確定最優稅率，使全社會在達到理想的收入分配目標的同時還能夠使對所得稅徵稅造成的效率損失最小。最優所得稅的稅率高低取決於社會成員對收入-閒暇的偏好狀況、社會對收入再分配的態度以及社會成員對社會福利的觀點等因素。一般來講，最優所得稅應符合這樣的標準：一是高收入者應按高平均稅率納稅，低收入者應按低平均稅率納稅；二是最高收入者與最低收入者的邊際稅率都應該特別低。

第一條標準要求稅率應具有累進的性質，以更好地促進公平。第二條標準要求在促進公平的同時也促進效率，因爲對於最高收入者來講，再高的邊際稅率也不會再使稅收收入增加，所以對其規定一個特別低的邊際稅率並不會破壞稅收公平；而一旦高收入者受到幾乎爲零的邊際稅率的激勵，就會更少地選擇閒暇，從而有可能使稅收數額增加，更有助於公平的實現。

7.3 稅收負擔的轉嫁與歸宿

7.3.1 稅收負擔

稅收負擔指的是徵稅減少了納稅人的可支配收入的數額，對其造成的經濟利益的損失或使其承受的經濟負擔。稅法只規定了納稅義務，並沒有規定稅收負擔。因此，我們不能只根據稅法去判斷和分析納稅人的稅收負擔情況。

研究稅收負擔的目的在於確定稅收的最終歸宿，幫助公共部門評估稅收負擔是否合乎公平原則。按照不同的劃分方法，可以將稅收負擔分爲宏觀稅收負擔與微觀稅收負擔、直接稅收負擔與間接稅收負擔、名義稅收負擔與實際稅收負擔等，這裡不再一一贅述。

7.3.2 稅收負擔轉嫁與歸宿的含義

所謂稅收負擔的轉嫁，簡稱稅負的轉嫁，是指納稅人不實際負擔政府向他們徵收的稅款，而是通過各種途徑，將其全部或部分轉移給他人負擔的過程。所謂稅收負擔的歸宿，是指稅收負擔的最終歸屬或轉嫁的最終結果。不管稅收轉嫁的結果如何最終總有人承擔稅收，最終承擔稅收的人被稱爲負稅人。在稅收轉嫁的過程中，納稅人和負稅人是可以分離的，納稅人只是法律意義上的納稅主體，負稅人是經濟意義上的稅收承擔主體。

7.3.3 稅收負擔的轉嫁方式

前轉和後轉是稅收轉嫁的兩種基本形式，其他形式由它們衍生而來。

（1）前轉，也稱順轉，是指納稅人在進行交易時，按徵稅商品的流轉方向，以提高售價的辦法，把所納稅款向前轉嫁給商品的購買者或消費者負擔的過程。前轉多應用在商品稅上，是稅收轉嫁最典型、最普遍的形式。

（2）後轉，也稱逆轉，是指納稅人以壓低購價的辦法，把稅款向後轉嫁給貨物或勞務的供應者負擔的過程。後轉多應用於對生產要素徵收的稅種，如公司所得稅。

（3）混轉，也稱散轉，是指對納稅人而言，前轉和後轉可以兼有，也就是將稅款一部分向前轉嫁給商品的購買或消費者，另一部分向後轉嫁給商品供應者。

（4）稅收資本化，也稱資本還原，是後轉的一種特殊形式，是指應稅的具有長期收益的資本品（主要是土地、房屋等）在交易時，買主將資本品可預見的未來應納稅款，按一定的貼現率折算爲現值，從所購資本品價格中進行一次性的扣除。在該資本品交易後，稅款名義上雖由買主按期納稅，實際上稅款已經由賣主負擔。

7.3.4 稅收負擔轉嫁與歸宿的影響因素

1. 稅收負擔轉嫁實現的前提條件

稅收負擔轉嫁的途徑是通過商品價格的變動來實現的，轉嫁的幅度取決於商品的供求彈性，如果價格沒有變動，稅收負擔轉嫁就不會發生。由此可見，商品價格的自由浮動是稅收負擔轉嫁實現的前提條件。以商品或勞務爲徵稅對象的流轉稅，其徵稅對象在流轉過程中與價格關係密切，因此，流轉稅可以實現稅收負擔的轉嫁。以財產和所得額爲徵稅對象的稅收則不具備這些條件。因此，財產稅和所得稅一般不能轉嫁稅收負擔。

2. 影響稅收負擔轉嫁和歸宿的因素

各種稅收的負擔轉嫁的難易程度是不一樣的。一種稅收在何種情況下可以轉嫁給他人負擔，主要受3種因素影響：價格彈性、稅收方式、市場競爭狀況。

（1）價格彈性。價格彈性越高越容易轉嫁稅收負擔。價格彈性可以分爲需求的價格彈性和供給的價格彈性。

需求的價格彈性，指價格變動的比率所引起的需求量變動的比率，即需求量變動對價格變動的反應程度。需求的價格彈性越大，通過提高售價把稅收負擔向前轉嫁給商品的消費者越困難。需求的價格彈性越小，稅收負擔越容易由消費者負擔。

供給的價格彈性，指價格變動的比率所引起的供給量變動的比率，即供給量變動對價格變動的反應程度。某種商品的供給的價格彈性大，意味著該商品的生產者能適應市場的變化調整生產結構，因而在與原材料廠商及消費者的關係上處於比較主動的地位，易於把稅收負擔轉嫁出去。反之，若商品的供給的價格彈性小，稅收負擔不易被轉嫁出去。

(2) 稅收方式。稅收方式中的稅種、徵稅對象和徵稅範圍會對稅收負擔的轉嫁和歸宿產生影響。

稅收種類中，間接稅比直接稅更容易被轉嫁。直接稅就是人頭稅，即按照人頭徵收的稅收，包括個人所得稅、公司所得稅和財產稅等。因爲直接稅的一個重要特點是其稅款不包含商品的價格，因此稅收負擔不能被轉嫁。而銷售稅、營業稅等間接稅，可直接通過將稅款包含於價格之中而將稅收負擔轉嫁出去。

徵稅對象中，若選擇需求的價格彈性小、供給的價格彈性大的商品作爲徵稅對象，那麼消費者是主要的稅收負擔承擔者；反之，若選擇需求的價格彈性大、供給的價格彈性小的商品作爲徵稅對象，那麼生產者是主要的稅收負擔承擔者。

徵稅範圍中，若在同類商品中，只對某一部分商品徵稅，則稅收負擔的轉嫁比較困難，主要由生產者承擔；若徵稅範圍擴大，消費者就難以通過購買替代品來避開稅收負擔，稅收負擔就容易被轉嫁。

(3) 市場競爭狀況。一般來講，越是競爭性的市場，由於供需雙方對價格的影響力量越小，稅收負擔越難以被轉嫁；反之，越是壟斷性的市場，越容易實現稅收負擔的轉嫁。那麼在兩種完全極端的市場中，完全競爭市場中，每個生產者只是商品價格的接受者，稅收負擔難以被轉嫁出去；完全壟斷市場中，每個生產者是商品價格的制定者，稅收負擔就容易被轉嫁出去。

專欄：稅制改革：用"減法"換"加法"

剛剛結束的中央經濟工作會議指出，要降低企業稅費負擔，進一步正稅清費，清理各種不合理收費，營造公平的稅負環境，研究降低製造業增值稅稅率。

作爲全面深化改革的"先行軍"，稅制改革"牽一髮而動全身"，是"十三五"時期改革的重頭戲之一。目前，我國正在實施兩項大規模的稅改：2016年5月1日起，在全國範圍內全面推開營業稅改徵增值稅（營改增）；7月1日起，全面實施以清費立稅、從價計徵爲主要內容的資源稅改革。稅制改革，正在用政府收入的"減法"，換取市場活力的"加法"。

營改增：2016年減稅將超5 000億元

5月1日，營改增全面試點推開，建築業、房地產業、金融業和生活服務業4大行業被納入試點。國家稅務總局總會計師王陸進透露，2016年5月至10月，新納入試點範圍的4大行業累計減稅965億元。26個細分行業全部實現了總體稅負只減不增的預定目標，稅負下降14.8%。

隨著改革全面推開，不少企業乘著這股利好的改革東風，稅負呈現大幅下降。"營業額增加了，繳的稅反而少了。公司7月份不含稅收入576萬元，實際繳納增值稅3.41萬元，減少5.41萬元，稅負下降了60.1%。"北京慕田峪長城旅遊服務有限公司財務總監周月敏告訴記者："相比營業稅，增值稅稅制更加科學。由於公司供應鏈單位均爲增值稅一般納稅人，抵扣鏈條完整，以後的減稅效應會更加明顯。"

該公司會計趙鵬向記者透露："公司營業收入中有30萬元來自停車場、店鋪等不动产经营租赁,营改增后由于进行了简易征收备案,税率一下从11%降为了5%,税额下降120%;慕田峪长城还属于文物保护单位,根据政策规定第一道门票397万元的收入全部免征。"

对此,北京市怀柔区国税局负责人告诉记者,营改增纳税人通过进项税额抵扣以及简易征收、特殊行业税收减免、小微企业税收优惠等多种政策备案,税率较之营业税虽有提高,但税负只降不增。

数据显示,2016年营改增改革减税预计超过4 700亿元,加上带来的城市维护建设税和教育费附加减收,全国减税总规模将超5 000亿元。

"总体看,作为本届政府成立以来最有力的降成本措施,营改增减税降负的效果已经并将持续显现。"财政部副部长史耀斌表示,下一步,财政部、税务总局将继续会同相关部门,及时解决行业性、整体性问题,完善试点政策,打通政策落地的"最后一公里"。

资源税改革:大部分企业负担降低

作为助力供给侧结构性改革的重要举措,税制改革担负着企业"降成本"的改革任务。继5月1日营改增试点全面推开后,从今年7月1日起,我国全面推开资源税改革,全面实行从价计征,全面清理收费基金,并启动水资源税试点,释放出"十三五"涉入深水区的财税体制改革提速的积极信号。

按改革前政策计算,政策推行后的3个月,全国129个税目应征资源税费94.01亿元,改革后,实际征收资源税收入72.89亿元,总体减负21.12亿元,降幅22.47%,绝大部分税目负担下降。"总体上看,本次资源税全面改革在清费立税前提下,构建的从价计征机制得到了普遍认可,使绝大部分企业负担减轻。"国家税务总局税收科学研究所所长李万甫说。

从目前来看,降成本的系列举措中,减税降费可谓力度最大、效果最直接。而为企业减负仅是税改红利的其中一项,更多的红利体现在制度优化等层面。例如,资源税的从价计征机制发挥了较好的调节作用。专家表示,本次改革全面推开了资源税从价计征方式,有利于发挥资源税随矿价升降而增减的自动调节作用。此外,促进矿产资源节约利用的政策效应和促进用水节约的成效都已经显现。

李万甫说,营改增、资源税的全面改革,在理顺政府与企业分配关系的同时,也涉及中央与地方之间的税收分配。其中,营改增后中央与地方按照50∶50分成,这与以前中央与地方按照75∶25分成相比,更加有利于刺激地方的积极性。

减税降费:让"良税"发挥更大作用

中央经济工作会议提出,2017年要继续深化供给侧结构性改革,深入推进"三去一降一补"。在降成本方面,要在减税、降费、降低要素成本上加大工作力度。

中国社科院财经战略研究院院长高培勇指出,在保持宏观政策稳定性背景下,2017年积极的财税政策的最大发力空间,是继续大力实施减税降费,真正把企业负担减下来。

目前来看,经济呈现出筑底企稳的迹象,但是复苏反弹的基础还不牢固,未来减税降费仍将持续发力。营改增、资源税改革试点的深入推进,以及化妆品消费税税率調降等，都將持續釋放紅利。

"財稅改革一頭連着政府，一頭連着市場，是國家治理的重要內容。"中國財政科學研究院院長劉尚希指出，作爲深化財稅改革重頭戲，未來營改增等改革還要在完善增值稅稅率等方面繼續推進，讓"良稅"發揮更大作用。

資料來源：楊亮. 稅制改革：用"減法"換"加法"[N]. 光明日報，2016-12-18 (01).

總結提要

1. 稅收是國家爲滿足社會公共需要，依據其職能，按照法律規定，參與社會產品的分配，強制、無償地取得公共收入的一種規範形式。其本質就是國家憑藉公共權力，按照法律所規定的標準和程序，參與國民收入分配，強制取得公共收入的一種特定分配方式。

2. 稅收特徵可以概括爲：強制性、無償性和固定性，也就是所謂的"稅收三性"。

3. 稅收的構成要素，是指組成稅收總體的成分。主要有：①納稅主體；②納稅客體；③稅率。

4. 根據不同的標準，可以對稅收進行不同的分類。按徵稅對象的不同主要分爲所得稅、流轉稅和財產稅；按計量課稅對象的標準不同可劃分爲從價稅和從量稅；按稅收與價格的關係可劃分爲價內稅和價外稅；按稅負能否轉嫁可劃分爲直接稅和間接稅；按稅收管理權限和使用權限可劃分爲中央稅、地方稅、中央和地方共享稅。

5. 稅收原則又稱徵稅準則，是指國家進行稅收活動的準則，並依此制定稅收的具體制度和政策。現代稅收原則主要有：①財政原則；②經濟原則；③公平原則。

6. 最優稅收理論就是通過規範分析，研究如何構建兼顧效率原則與公平原則的稅收制度。其研究的是政府在信息不對稱條件下，如何徵稅才能保證效率與公平的統一問題。其核心在於對稅收的公平與效率原則進行整合，力求在兩者的權衡取舍之間選擇一個最優的組合。

7. 稅收負擔指的是徵稅減少了納稅人的可支配收入的數額，從而對其造成的經濟利益的損失或使其承受的經濟負擔。稅收負擔的轉嫁，簡稱稅負的轉嫁，是指納稅人不實際負擔政府向他們徵收的稅款，而是通過各種途徑，將其全部或部分轉移給他人負擔的過程。

8. 影響稅收負擔轉嫁和歸宿的因素主要有：稅收方式、價格彈性、市場競爭狀況和區位流動性。

復習思考題

1. 稅收的本質是什麼？

2. 簡述稅收的主要特徵。
3. 簡述稅收的構成要素。
4. 簡述稅收的分類。
5. 稅收原則包含哪些?
6. 試結合最優稅收理論論述如何構建兼顧效率原則與公平原則的稅收制度。
7. 論述影響稅收負擔轉嫁和歸宿的因素。

第 8 章　公共債務

本章學習目標：

- 準確把握公債的含義、特徵、作用和分類；
- 基本掌握公債規模的含義和測量；
- 熟練掌握公債的發行與償還；
- 基本瞭解公債的負擔及風險。

公共債務，簡稱公債，是政府在稅收之外取得收入的一種特殊形式，也是一種調節經濟的重要手段。

8.1　公債概述

8.1.1　公債的含義

公債，也就是公共部門舉借的債務，是相對於私債而言的。具體來講，是公共部門爲維持其存在和滿足其履行職能的需要，在有償條件下，籌集資金時形成的債務，是公共部門取得公共收入的一種形式。與公債相比，公共部門無償籌集公共收入的方式主要有：稅收、規費、國有企業利潤上繳等形式。

值得註意的是，"公債"和"國債"這兩個詞語在許多場合常常被混用。我們應該對其進行嚴格區分。國債特指由中央政府發行的公債，是公債的主要組成部分。而地方政府債務不屬於國債，但是它屬於公債的範疇。簡而言之，公債包含國債和地方政府債。

8.1.2　公債的特徵

1. 有償性

通過發行公債籌集的公共收入，公共部門必須將其作爲債務如期償還，並且還要按事先規定的條件向認購者支付一定數額的利息。

2. 自願性

公債的發行和認購是建立在認購者自願承購的基礎上。認購者買與不買、購買多少，完全由認購者自己根據個人或單位情況自主決定，發行公債的公共部門不能指派具體的承購人。

3. 靈活性

公債發行與否以及發行多少,一般由公共部門根據自身公共收入的富裕程度靈活地加以確定,不必通過法律形式預先加以規定。

公債的有償性決定了公債的自願性;而公債的有償性和自願性又決定和要求發行上的靈活性。

8.1.3 公債的作用

1. 彌補財政赤字,平衡財政收支

以發行公債的方式彌補財政赤字,有助於實現財政平衡。實現國家財政收支平衡是保證國民經濟良性循環的重要條件。在現實的經濟活動中實現財政預算平衡的方法很多,公債是主要方法之一。但以發行公債彌補財政赤字也存在一定問題:一是容易導致財政收支的惡性循環;二是公債集中過多社會閒置資金可能會降低社會的投資和消費水平。

2. 籌集建設資金

公債籌集建設資金,增加公共部門集中的資金量,促進社會經濟的發展。在國家財政預算收支規模確定的基礎上,根據國民經濟發展的實際需要,可以發行公債來取得收入,然後再安排其用於最急需的建設項目上。這等於是擴大了投資需求總量。

3. 調節國民經濟的發展

公債通過對發行對象的選擇和公債收入資金用途的安排,公債可以調節國民收入的使用結構,調節國民經濟的產業結構,調節社會的貨幣流通和資金供求,從而促進經濟結構的協調與均衡,保證國民經濟持續快速地發展。

8.1.4 公債的分類

1. 按償還期限分類

按償還期限劃分,公債可以分為短期公債(1年以內的)、中期公債(1~10年)和長期公債(10年以上)。其中,中期公債在發行的公債中占有較大比重。

2. 按發行區域分類

按發行區域劃分,公債可以分為國內債務(內債)和國外債務(外債)。內債和外債的界定都遵循屬地原則,內債對貨幣的種類和購買者沒有限制,強調在本國發行。外債是本國發債主體在別國或國際市場發行,要經本國政府同意,必須以外幣購買。

3. 按發行主體分類

按發行主體劃分,公債可以分為中央公債和地方公債。中央公債就是中央政府直接發行並承擔直接債務的公債,其收入被列入中央政府預算。由地方政府直接發行和負有直接償還義務的債務被稱之為地方公債,其收入被列入地方政府預算。地方公債有時候也可以超出本地區發行。

4. 按流通性分類

按流通性劃分,公債可以分為可轉讓公債和不可轉讓公債。可轉讓公債是指可以通過金融市場交易轉讓的公債,也稱上市公債。可轉讓公債是各國政府籌集資金的一種主要形式，一般占全部公債比重的 70% 左右。不可轉讓公債是指不通過金融市場交易轉讓的公債，也稱之爲非上市公債。

此外，公債還可以按發行對象分爲儲蓄債券和專用債券，按利率情況分爲固定利率公債、市場利率公債和保值公債。國債按計量單位分爲貨幣國債、實物國債和折實國債，按發行的憑證分爲憑證式國債（儲蓄式國債）和記帳式國債（無紙化國債）等。

8.2 公債的規模

8.2.1 公債規模的含義

公債的規模，就是指公共部門舉借公債的數額及其制約條件，具體來說包括三層含義：

(1) 公共部門歷年發行公債的累計餘額；
(2) 公共部門當年新發行公債的總額；
(3) 公共部門當年到期需還本付息的公債總額。

前兩層含義是從流量的角度來界定的，第三層含義是從存量的角度來界定的。

8.2.2 公債規模的測量

公債的規模在目前的公債管理中仍然是使用一系列指標來測量的。測量公債規模的指標有兩種：一是絕對規模的測量指標，二是相對規模的測量指標。

1. 公債絕對規模的測量指標

公債絕對規模的測量指標是指公債規模的絕對額度，因各國而異，但主要包括：

(1) 公債總額，也稱公債餘額，即公共部門歷年累積公債的總規模。
(2) 公債發行額，即公共部門當年發行公債的總額。
(3) 公債還本付息額，即公共部門當年到期需還本付息的公債總額。

對公債總規模的控制是防止債務危機的主要環節。

2. 公債相對規模的測量指標

爲便於對公債規模進行比較，一般採用相對指標。而且由於相對規模的測量指標綜合考慮了公債數額與國民經濟和公共部門收支狀況之間的關係，所以，相對規模的測量指標更具有普遍意義。這里介紹常用來判斷公債相對規模的四個測量指標：

(1) 公債負擔率。公債負擔率是指當年公債餘額占當年國內生產總值的百分比，用公式表示如下：

公債負擔率＝（當年公債餘額/當年國內生產總值）×100%

公債負擔率是測量公債規模最爲重要的一個指標。這一指標反應了國民經濟對公債的負擔能力。一般來說，公債負擔率越高，國民經濟承受債務負擔的能力越大，財政的償債能力也越強。歐盟成員國於 1991 年簽訂的《馬斯特里赫特條約》中明確規定，公債負擔率的最高限額爲 60%。我國學者一般認爲我國的公債負擔率應該保持在

20%左右。

(2) 公債依存度。公債依存度是指當年公債發行額占當年財政支出的百分比，用公式表示如下：

公債依存度＝（當年公債收入額/當年財政支出額）×100%

在實際運用中又分兩個口徑：

國家財政的公債依存度＝（當年公債收入額/當年國家財政支出額）×100%

中央財政的公債依存度＝（當年公債收入額/當年中央政府財政支出額）×100%

公債依存度這一指標反應了財政支出對公債的依賴程度。公債依存度越大，說明財政的基礎越薄弱，對債務收入的依賴程度越高，財政中潛在的風險也越大。一般來講，公債依存度有一個國際上公認的安全線，即國家財政依存度爲 15%～20%，中央財政依存度爲 25%～30%左右。根據國際貨幣基金組織（IMF）的統計，發達國家的公債依存度較低，近年來平均水平一直在 12%左右，發展中國家的公債依存度要高一些，許多國家都超過了 20%。

(3) 借債率。借債率是指當年公債發行額占當年國內生產總值的百分比，用公式表示如下：

借債率＝（當年公債發行額/當年國內生產總值）×100%

借債率這一指標一方面反應了當年公債發行額與經濟總規模的數量關係。發行公債在當年是對國內生產總值的一種再分配，其對社會需求總量的影響似乎不大，但在負債期和償還期則形成國家的債務餘額，影響國家的還債能力。按照經驗，一個國家對這一指標應控制在 5%～8%。

(4) 償債率。償債率是指當年公債還本付息額占當年國內生產總值的比率，用公式表示如下：

償債率＝（當年公債還本付息額/當年國內生產總值）×100%

償債率這一指標反應了財政還本付息的能力。通常情況下，該指標以 5%～6%爲宜。應當指出的是，控制償債率的關鍵便是控制公債的發行額。

當然，除了上述四個指標外，還有其他測量公債相對規模的指標，如公債發行額占當年國民收入的百分比、公債還本付息額占當年財政支出的百分比等，在此不再一一列舉。

8.3　公債的發行與償還

8.3.1　公債的發行

公債的發行是指公債由公共部門售出或由投資者認購的過程。公債發行的核心是確定公債發行的價格和方式。

1. 公債的發行價格

公債的發行價格是指公共部門以什麼價格出售公債，可以高於或低於公債的面值。

影響公債發行價格的因素主要有票面利率水平、債券的期限長短、公共部門的信用程度、債券的流動性等。公債的發行價格包含以下三種情況：

（1）平價發行，是指公債按其票面標明的金額出售。
（2）折價發行，是指公債按低於其票面標明的金額出售。
（3）溢價發行，是指公債按高於其票面標明的金額出售。

導致公債折價或溢價發行的原因是，公債實際發行時，其票面利率與金融市場的利率水平出現不一致。當公債的票面利率低於金融市場的利率水平，公債就要以低於其面額的價格出售，否則，公債就賣不出去。

如果以 P 代表公債的發行價格，M 代表公債的票面價格，r 代表公債的票面利率，R 代表公債的基準利率，n 代表償還期限，則公債發行價格表示如下：

（1）到期一次還本付息、單利計息情況下：

$$P = \frac{M \times (1 + r + n)}{(1 + R)^n} \qquad (8.1)$$

（2）到期一次還本付息、復利計息情況下：

$$P = \frac{M \times (1 + r)^n}{(1 + R)^n} \qquad (8.2)$$

（3）分期付息、到期還本情況下：

$$P = (M \times r)\left[\frac{1}{1+R} + \frac{1}{(1+R)^2} + \cdots + \frac{1}{(1+R)^n}\right] + \frac{M^n}{1+R} \qquad (8.3)$$

2. 公債的發行方式

公債發行方式是指採用何種方法和形式來發行公債。公債主要的發行方式有：

（1）公募法，是指公共部門向社會公眾募集公債的方法，一般適用於中短期政府債券，特別是國庫券的發行。具體有三種方法：直接公募法、間接公募法、公募招標法。

（2）承受法，是指由金融機構承購全部公債，然後轉向社會銷售，未能售出的差額由金融機構自身承擔。

（3）公賣法，是指公共部門委託推銷機構利用金融市場直接售出公債。

8.3.2 公債的償還

公債償還是指公共部門根據公債發行時的規定，到期償還公債的本金和支付利息。公債償還主要涉及兩個問題：一是償還方式；二是償還的資金來源。

1. 公債的償還方式

公債償還是公債運行的重點。雖然公債償還時的本金和利息都是在公債發行時就規定好的，但何時償還、以何種方式償還，公共部門有以下幾種方式作為選擇：

（1）到期一次償還法，即公共部門在發行的公債到期後，按票面金額一次全部償清本金和利息。也就是何時公債到期，何時一次償還。

（2）分期逐步償還法，即公共部門在公債償還期內採取分期、分批的方式償還本金和利息，直至償還期結束，全部公債償清為止。其中又分為分次償還法和抽籤償還法。

（3）市場購銷償還法，即公共部門在債券期限內定期或不定期地贖回公債，使公債期滿後消除債務的方法。這種方法只適用於可轉讓的公債。

（4）以新替舊償還法，即公共部門通過發行新公債替換舊公債以償還公債的方法。也就是說，到期公債的持有者可用到期公債直接兌換相應數額的新發行公債，從而延長持有公債的時間。

2. 償還的資金來源

公債償還的資金一般包括以下四種來源：

（1）償債基金，也稱減債基金，即由公共部門通過預算設置專項基金用以償還公債。

（2）財政盈餘，即公共部門在財政年度結束時，以當年財政收支的結餘作為償還公債的資金。

（3）財政預算列支，即公共部門當年的公債的還本付息支出直接被列入部門預算，用預算資金清償債務。

（4）舉借新債，即公共部門發行新債券為到期公債籌措償還資金，也就是以借新債的收入作為還舊債的資金來源。這是目前世界各國償還公債的主要資金來源。

8.4　公債的負擔及風險

如何衡量和處理公債的負擔和風險是公債發行時必須予以考慮的問題。

8.4.1　公債的負擔

公債的負擔，就是指由於公債的發行與償付所引起的真實資源的損失。

公債的負擔一般需要從以下四個方面進行分析：

1. 認購者即債權人的負擔

公債的發行，相當於認購者的收入讓渡給公共部門，必然會對認購者的經濟行為產生一定的影響。因此，公共部門發行公債時必須考慮認購者的實際負擔。

2. 公共部門即債務人的負擔

公債是有償的，到期需要還本付息。公共部門發行公債時獲得了收入，償還時則成了支出，因此公債的發行過程也就是公債負擔形成的過程。所以，公共部門發行公債時要謹慎考慮其償還能力，量力而行。

3. 納稅人的負擔

無論公債發行籌集的資金如何使用，公債償還的收入來源最終還是稅收。這必然帶給納稅人負擔。

4. 代際負擔

公債不僅會形成當前的社會負擔，而且在一定條件下還會向後推移，從而形成代際負擔問題。由於有些公債的償還期比較長，公共部門以新債還舊債，並不斷擴大債務的規模，就會形成一代人借的債轉化爲下一代甚至下幾代人的償還負擔問題。

8.4.2 公債的風險

公債既是政府的一種公共收入，又是政府進行宏觀經濟調控的重要的政策工具。如果公債存在風險，就會影響政府信用或影響國民經濟的正常運行。公債風險是指公債在發行、流通、使用和償還過程中，由於各種不確定因素的存在，所引發的各種問題及這些問題對經濟、政治、社會的衝擊和影響。當出現公債無法償還的情況，就產生了所謂的公債危機。公共經濟學界對公債風險的廣泛關註和研究，產生了古典學派的政府債務風險理論、新經濟學派的政府債務理論、開放經濟條件下的政府債務理論、公共選擇學派的政府債務理論和"隱性債務"理論等學術流派。

一般來講，只要發行公債，就會有公債風險；任何公債都有風險，只是風險的大小不同而已。按照風險產生的原因，公債風險可以分爲公債信用違約風險、公債再融資風險、公債流動性風險和公債市場風險。其中，公債信用違約風險又是公債的主要風險。

目前，中國公債規模已空前龐大，並且仍在迅猛地擴張。中國的公債規模是否合理？中國的經濟發展是否能承受得起？中國會不會由此而債臺高築，引發債務危機？這些問題都值得深入思考。外界對中國公債的關心，也使政府高度重視地方債潛在風險。作爲地方政府籌措財政收入的一種形式而發行的地方債，截至 2016 年年底，地方債共發行 1 159 只，規模合計 6.05 萬億元。其中地方政府一般債 3.53 萬億元，專項債 2.51 萬億元。雖然地方債總體風險可控，但出現了個別地區債務風險超過警戒線、違法違規融資擔保現象時有發生、一些 PPP 項目存在不規範現象等新問題，需引起重視。

專欄：地方債風險管控要有"問題導向"

2016 年 11 月 14 日，國務院辦公廳發布《地方政府性債務風險應急處置預案》（以下簡稱《預案》），根據政府性債務風險事件的性質、影響範圍和危害程度等情況，將地方政府性債務風險事件劃分爲四個等級，實行分級響應和應急處置，必要時依法實施地方政府財政重整計劃。《預案》還明確提出：地方政府對其舉借的債務負有償還責任，中央實行不救助原則。

頒行地方債風險管控新規，目的就是化解地方債局部風險。儘管我國地方政府性債務總體可控，平均債務率低於主要市場經濟國家和新興市場國家水平，但是，也存在個別地區超警戒線、地方政府違規隱性擔保現象難以杜絕，借 PPP（政府和社會資本合作）項目保底承諾、回購安排等方式變相融資等現象。

化解這些潛在風險，就是化解宏觀經濟運行的隱憂。最近一年多來，通過對地方債實施限額管理、將地方債務分類納入預算管理等一系列改革措施，已基本搭建起了地方債管理的制度框架。但無需諱言，制度建設還在路上，還未到完成時。借 PPP 通道變相舉債的現象表明，必須擴大地方債管理制度容量，才能在化解舊風險的同時防範新風險，爲徹底解決地方債風險問題創造條件。

地方債管理新規，可謂"正當其事"。設定四級應急機制和相關指標，指向的是風險怎麼防；依法分類處置債務，指向的是債務怎麼還；違規擔保承諾無效，指向的是隱形擔保怎麼禁；高風險地區將啓動地方政府財政重整，指向的是預算與舉債水平匹配；中央財政不兜底，指向的是責任主體的鎖定。管理越細化，約束越硬化，地方債風險溢出的概率越小。

地方債管理新規，也是"正當其時"。近年來，地方政府財政收入增幅有所下滑，加之債務償還高峰期到來，一些地方舉債衝動因此增長。據央行有關部門數據，與近兩年財政收入增長 8.4% 左右的幅度相比，一些地方的政府性債務增幅超過數倍。顯然，這樣的舉債規模不可持續，也容易遺留下重大風險隱患。引入及時有效的風險評估和預警機制，如同爲地方舉債行爲安裝了報警器，有助於遏制缺乏風險評估的舉債衝動，將風險化解在源頭。

那麼，有了新規，地方債是否就能管得好？作爲政策效應的組成部分，能否管好地方債，要看潛在風險是否趨於化解，地方舉債行爲是否規範，同時更要看財政政策是否得以優化。地方債局部風險隱患的生成，本質上源於過去發生風險事件有中央財政兜底的思維慣性，源於地方政府作爲責任主體難以確定，源於央地財政體系還未完全理順。這也正是建立現代財政制度的主要難點和關鍵所在。財政制度的優化，是化解地方債風險離不開的前提。

從這個角度說，化解地方債務風險，不能停留在倒逼地方政府提高債務風險預警意識這一步，而要真正把握住問題導向，瞄準核心問題，以建立現代財政制度爲目標，馳而不息，久久爲功，通過持續不斷的制度建設，讓地方在舉債機制上少一些不科學的行政化意志，多一些法律制度的遵循；少走一些無序舉債的老路，多做一些改善投資環境、政商環境的創舉；少一些急功近利的政績需求，多一些長期建設理念。如此，地方債管理新規的政策效應才能最大化，地方債風險管控才能有的放矢地做到管得住、管得好。

資料來源：徐立凡. 地方債風險管控要有"問題導向"[N]. 人民日報, 2016-11-16 (5).

8.5 公債的經濟效應

8.5.1 李嘉圖等價定理

英國著名的政治經濟學家大衛·李嘉圖 (David Ricardo) 在《政治經濟學及賦稅原理》中提出：政府爲籌措戰爭或其他經費，採用徵稅還是發行公債的影響是等價的。這是"李嘉圖等價定理"思想的來源。1974 年，美國經濟學家羅伯特·巴羅 (Robert J. Barro) 在其發表的《政府債券是淨財富嗎？》一文中，用現代經濟學理論對李嘉圖的上述思想進行重新闡述。1976 年，詹姆斯·布坎南 (James Buchanan) 發表的題爲《巴羅的〈論李嘉圖等價定理〉》的評論中，首次使用了"李嘉圖等價定理"這一表述。

李嘉圖等價定理的核心思想在於：地方支出是通過發行公債融資還是通過稅收融資沒有任何差別，即債務和稅收等價。公債不是淨財富，政府無論是以稅收形式還是以公債形式來取得公共收入，對於人們經濟選擇的影響是一樣的。即公債無非是延遲的稅收，在具有完全理性的消費者眼中，債務和稅收是等價的。

李嘉圖等價定理並不符合真實情況，因為它是建立在以封閉經濟和政府活動非生產性為假設條件下得出的。

8.5.2 公債的經濟效應分析

公債的經濟效應是指公債的運行對社會經濟活動的影響，這種影響是多方面的。分析公債的經濟效應，可以從以下四個角度進行探討：

1. 公債的資源配置效應

公債作為公共部門取得收入的手段，會對資源數量和結構產生一定的影響。

（1）公債對資源數量的影響。一是從國內公債角度看，公債認購者暫時放棄了一部分使用權，資源擁有量暫時減少，而政府資源擁有量暫時增加，這一增一減絕對值相等，並沒有影響一個國家的資源總量；二是從國外公債角度看，發行公債後，資源從國外流向國內；公債償還後，資源從國內流向國外。這表明國外公債影響了一個國家的資源總量。

（2）公債對資源結構的影響。公債是公共部門的一種投資手段，對資源結構的改變產生一定作用。通過公債調節資源結構，主要表現為通過公債籌集的資金有目的地投向需要重點發展的產業和行業，即主要進行增量調節。

2. 公債的收入分配效應

公債是公共部門的重要收入，公共部門舉借的公債增加，表明其所擁有的財政收入增加，可以彌補其他公共收入特別是稅收的不足。同時，公債發行也會影響社會成員的收入分配，會對當代人的收入分配和後代人（代際）的收入分配產生影響。一般認為，公債不利於社會收入分配的公平。因為，公債吸納的是社會閒置資金，而這些資金主要來源於富裕階層。發行越多，社會收入分配越不平均。

3. 公債的總需求效應

社會總需求由私人部門支出和公共支出共同構成。其中，公債最終將用於公共支出。發行公債，擴大公共支出，對國民經濟發展起到擴張性作用，刺激和促進了國民經濟的增長。但在一定時期，在社會資金總量一定的條件下，公債發行量的多少涉及資金總量在不同部門使用份額的變化。因此，又會產生一定的擠出效應。一般來講，公債對於總需求的影響有兩方面：一是疊加在原有的總需求之上，增加了總需求；二是在原有的總需求內部只改變總需求的結構，不增加總需求。

4. 公債的貨幣效應

分析公債的貨幣效應可以從公債運行的過程對貨幣供給的影響展開：

（1）公債發行對貨幣供給的影響。公共部門發行的公債，通常是由中央銀行、商業銀行和非銀行部門（企業、機構和個人）三個主體認購的。公債認購的主體不同，其產生的貨幣效應有很大區別。中央銀行認購對貨幣供給的影響最大，商業銀行認購次之，非銀行部門認購的影響最小。

（2）公債流通對貨幣供給的影響。在公債的流通過程中，公債的自由買賣不僅能融通資金，而且會產生較強的貨幣效應。貨幣效應表現在兩方面：一是公債充當流通手段和支付手段，事實上增加了流通中的貨幣量；二是公債流通對貨幣的吸納，等於減少相應的貨幣供應量。

（3）公債償還對貨幣供給的影響。公債最終是要償還的。償債資金的來源有三個：發行紙幣、發行新債和增加稅收。政府通過中央銀行發行紙幣來償還公債，會導致需求拉上型通貨膨脹，對經濟長期發展極為不利。

總結提要

1. 公債，也就是公共部門舉借的債務，是公共部門為維持其存在和滿足其履行職能的需要，在有償條件下，籌集資金時形成的債務，是公共部門取得公共收入的一種形式。

2. 公債的特徵主要包括：①有償性；②自願性；③靈活性。

3. 公債的作用主要體現在：①彌補財政赤字，平衡財政收支；②籌集建設資金；③調節國民經濟的發展。

4. 公債按償還期限劃分，可以分為短期公債（1年以內的）、中期公債（1—10年）和長期公債（10年以上）；按發行區域劃分，可以分為國內債務（內債）和國外債務（外債）；按發行主體劃分，可以分為中央公債和地方公債；按流通性劃分，可以分為可轉讓公債和不可轉讓公債。

5. 公債的規模，就是指公共部門舉借公債的數額及其制約條件，具體來說包括三層含義：①公共部門歷年發行公債的累計餘額；②公共部門當年新發行公債的總額；③公共部門當年到期需還本付息的公債總額。

6. 測量公債規模的指標有兩種：一是絕對規模的測量指標，二是相對規模的測量指標。

7. 為了便於對公債規模進行比較，一般用相對指標。主要有：①公債負擔率；②公債依存度；③借債率；④償債率。

8. 公債的發行是指公債由公共部門售出或由投資者認購的過程。公債發行的核心是確定公債發行的價格和方式。

9. 公債償還是指公共部門根據公債發行時的規定，到期償還公債的本金和支付利息。公債償還主要涉及兩個問題：一是償還方式；二是償還的資金來源。

10. 李嘉圖等價定理的核心思想在於：地方支出是通過發行公債融資還是通過稅收融資沒有任何差別，即債務和稅收等價。公債不是淨財富，政府無論是以稅收形式，還是以公債形式來取得公共收入，對於人們經濟選擇的影響是一樣的。即公債無非是延遲的稅收，在理性的消費者眼中，債務和稅收是等價的。

11. 公債的經濟效應是指公債的運行對社會經濟活動的影響，這種影響是多方面的。分析公債的經濟效應，可以從以下四個角度進行探討：①公債的資源配置效應；②公債的收入分配效應；③公債的總需求效應；④公債的貨幣效應。

復習思考題

1. 簡述公債的定義和分類。
2. 簡述公債的特徵和作用。
3. 簡述公債的分類。
4. 如何測量公債的規模？
5. 簡述公債的發行方式和償還方式。
6. 結合實際論述如何化解地方債風險。
7. 如何對公債的經濟效益進行分析？

第 9 章 政府間財政關係

本章學習目標：

- 準確把握政府間財政關係的含義；
- 基本瞭解財政分權理論；
- 基本掌握分稅制的含義和類型；
- 基本掌握政府間轉移支付的含義、特點和方法。

黨的十八屆三中全會強調，全面深化改革要發揮中央和地方兩方的積極性，傳遞出財稅改革的新方向。公共經濟學的一個重大課題，就是研究如何釐清政府間的財政關係，從而有效地提升政府宏觀調控的能力。

9.1 政府間財政關係概述

9.1.1 政府間財政關係的含義

分權與集權是政府權力結構的兩個向度。按照政府權力的分化情況，現代國家的組織結構形式可以分爲單一制、聯邦制兩種基本形式。一般來講，無論是單一制國家還是聯邦制國家，中央政府必然居於主導地位，在經濟運行中起到重要作用。然而隨着現代國家的發展，政府管理職能呈現出複雜化和多層次化的趨勢，對政府治理的要求越來越高，依靠單一的中央政府進行管理的有效性下降，因此，增加地方政府的權力，提高地方政府的自主性和積極性，發揮地方政府治理主體的作用，成爲必然發展方向。但是，隨之產生的一個問題是：如何劃分中央政府和地方政府的財政權力？如何處理財政集權與分權成爲政府間財政關係的中心問題。所謂政府間財政關係，就是指中央政府與地方政府之間在公共收支上的權責關係。

9.1.2 財政分權理論

財政分權，就是指財政權力體系在中央政府與地方政府之間的分散及統一。財政分權是一種世界性現象，西方不同的學者從不同的假定條件出發，論證多級政府以及財政分權的必要性，形成了一系列各具特色的財政分權理論。財政分權理論的提出是爲了解釋地方政府存在的合理性和必要性，它彌補了新古典經濟學不能解釋地方政府客觀存在這一缺陷。代表理論有：

1. 馬斯格雷夫分權理論

馬斯格雷夫（Musgrave）在《財政理論與實踐》中提出，要建立一個有效的多級財政體制，首先必須解決財政社區最佳規模問題。最佳社區規模的設置必須綜合考慮以下兩個因素：一是在既定公共服務水平下分擔成本遞減的有利條件；二是在既定服務水平下社區居民擁擠程度遞增的不利條件。馬斯格雷夫分析了既定服務水平下最佳社區規模的選擇，以及在既定社區規模下最佳服務水平的選擇等兩種情形。在此基礎上，他將最佳社區規模和最佳服務水平兩因素結合在一起，提出了財政社區的的最佳結構模型。

2. 斯蒂格勒最優分權模式

美國經濟學家喬治·斯蒂格勒（George Joseph Stigler）在《地方政府功能的有理範圍》中，從兩條原則出發闡述了地方政府存在的必要性，進而說明由地方政府來進行資源配置比中央政府更有效率：一是與中央政府相比，地方政府與轄區內的居民關係更密切，更瞭解他們的偏好及需求；二是一國國內不同地區的人有權利對不同種類與數量的公共服務進行投票表決，與之相適應，不同種類與數量的公共服務要求由不同級次、不同區域的政府來提供。當然，斯蒂格勒並沒有否定中央政府的作用。

3. 奧茨的分權定理

美國經濟學家奧茨（Oates）在《財政聯邦主義》中提出"財政分權定理"："關於該物品的每一個產出量的提供成本無論對中央政府還是對地方政府來說都是相同的——那麼，讓地方政府將一個帕累托有效的產出量提供給它們各自的選民，則總是要比中央政府向全體選民提供任何特定的並且一致的產出量有效得多。"他試圖說明的是在等量提供公共產品這個限制條件下，某種公共產品由地方政府提供優越於由中央政府提供。

4. 布坎南的俱樂部理論

布坎南在《俱樂部的經濟理論》中運用"俱樂部"理論來解釋最優地方政府管轄範圍的形成問題。所謂俱樂部理論，就是把社區比作俱樂部，研究在面臨外部因素的條件下，任何一個俱樂部如何確定其最優成員數量。其理論核心有兩個方面：一方面，隨著俱樂部新成員的增加，原有俱樂部成員所承擔的成本會由更多的新成員分擔；另一方面，過多的新成員加入會增加擁擠成本，產生外部負效應。顯然，一個俱樂部的最佳規模，應確定在外部負效應所產生的擁擠成本等於由新成員分擔成本所帶來節約的均衡點上。俱樂部理論論證了地方政府的適當規模問題，即一個地方政府的規模，應該確定在擁擠成本正好等於由新會員承擔稅收份額所帶來的邊際收益這一點上。因此在理論上能夠斷定，存在多個適當規模的地方政府，就可以通過人們在不同轄區之間進行移居來提高資源配置效率。

5. 特里西的偏好誤識理論

美國經濟學家特里西（Richard W. Tresch）在《公共財政學》中從理論上提出了偏好誤識問題。他認為由於信息不完全，中央政府在提供公共產品過程中存在着失誤的可能性，易造成對公共產品的過量提供或提供不足。而由地方政府來提供公共產品，社會福利才有可能達到最大化。

6. 蒂伯特的"用腳投票"理論

美國經濟學家蒂伯特（Charles Tiebout）在《地方支出的純粹理論》中提出了"用腳投票"理論。"用腳投票"理論認爲，個人在社區間自由流動，選擇能夠提供給他們最滿意的公共產品與稅收組合的地方居住，遷移成本與邊際收益相等時個人的效用達到最大，此時個人才會停止尋找更好的地方政府；而同時，各區域之間通過相互模仿，相互學習，會實現社會福利的最大化。這個理論說明了，在地方政府之間存在競爭機制，由地方政府提供地方性公共產品，使得中央政府統一提供公共產品帶來的非效率性極大降低了。

9.2　分稅制

9.2.1　分稅制概述

1. 分稅制的含義

分稅制是指在明確劃分各級政府事權和支出範圍的基礎上，按照事權與財權統一的原則，劃分各級政府的稅收管理權限與稅收收入，並通過轉移支付制度加以調節的財政管理制度。分稅制是財政分權的典型代表，是市場經濟國家普遍推行的一種財政管理體制模式。

分稅制主要包括四層含義：

（1）分事，劃分各級政府間事權範圍和支出責任。
（2）分稅，即在各級政府間劃分稅種，劃定各級政府收入來源。
（3）分權，即劃分各級政府在稅收上的立法權、徵管權和減免權等。
（4）分管，即中央政府和地方政府分開管理和使用各自徵收的稅款。

2. 分稅制的類型

在實踐中，分稅制的類型有兩種形式：

（1）按稅種劃分。大多數發達國家均採用此種方法。按中央和地方政府的稅收權限劃分還可細分爲徹底形式和不徹底形式兩種：按徹底形式可劃分爲中央稅和地方稅；按不徹底形式可劃分爲中央稅、地方稅、中央和地方共享稅。

（2）按稅源實行分率分徵。即中央政府和地方政府對同一稅源按不同稅率徵收。美國就是典型的代表。在美國，所得稅是聯邦的主體稅種；銷售稅和總收入稅是州政府的主體稅種；財產稅是地方政府的主體稅種。

9.2.2　我國的分稅制

1993年，《國務院關於實行分稅制財政管理體制的決定》正式發布，決定從1994年1月1日起改革地方財政包干體制，對各省實行分稅制財政管理體制。

1. 地方財政包干體制的發展

財政包干，是指地方預算收支核定以後，在保證中央財政收入的前提下，地方超收和支出結餘，都留歸地方支配，地方短收和超支，中央財政不再補貼，由地方財政自求平衡。財政包干體制是我國爲了正確地處理中央財政和地方財政的利益分配關係而實行的一種財政管理體制。

自20世紀50年代以來，我國地方財政包干體制先後經歷了三個階段。

（1）從1980年起，在全國多數地區實行了"劃分收支，分級包干"的財政管理體制。它按照企業和事業的隸屬關係，把中央和地方的財政收入、支出徹底分開，明確各自的收支範圍，並在劃定的收支範圍內，實行分級包干。

（2）從1985年起，在一些省市地區開始實行"劃分稅種，核定收支"的財政管理體制。它主要是以稅種作爲劃分中央財政收入和地方財政收入的依據。

（3）1988—1990年期間，爲了穩定中央與地方的財政關係，進一步調動地方的積極性，中央對包干辦法進行了改進。根據各省、自治區、直轄市和計劃單列市的不同情況，分別實行"收入遞增包干""總額分成""總額分成加增長分成""上繳額遞增包干""定額上繳"和"定額補助"6種辦法。

財政包干體制，在特定的歷史時期，調動了地方各級政府管理財政、發展生產的積極性。但同時也存在着諸多問題：地方政府重自身利益，忽視全局利益；基數核定方法不科學；重複引進、重複建設和重複生產；缺乏公平性；等等。因此，隨著經濟體制改革的深入發展，財政包干管理體制還需要被進一步完善。

2. 分稅制的發展

1994年，一場具有深遠影響的分稅制改革在中國拉開了序幕。這場分稅制改革初步構建了中國特色社會主義制度下中央與地方財政事權和支出責任劃分的體系框架，爲我國建立現代財政制度奠定了良好基礎。這場改革對我國財政收入的增長以及經濟和社會發展的推動作用是巨大的。其具體內容主要如下：

（1）中央與地方政府事權和支出的劃分。按照中央與地方政府的事權劃分，合理確定各級財政的支出範圍。中央財政支出包括：國防、外交、武警、重點建設（包括中央直屬企業技術改造和新產品試制費、地質勘探費）、中央財政負擔的支農支出和內外債還本付息，以及中央直屬行政事業單位的各項事業費支出。地方財政主要承擔本地區政權機關運轉所需支出以及本地區經濟、事業發展所需支出，具體包括地方統籌的基本建設投資支出、地方企業的技術改造和新產品試制費支出、支農支出、城市維護和建設費支出，以及地方各項事業費支出。

（2）中央與地方政府的收入劃分。根據事權與財權相結合的原則，將稅種統一劃分爲中央稅、地方稅和中央地方共享稅，並建立中央稅收和地方稅收體系，分設中央與地方兩套稅務機構分別對其徵管。中央固定收入包括：關稅、海關代徵消費稅和增值稅、中央企業所得稅、非銀行金融企業所得稅、鐵道、銀行總行、保險總公司等部門集中交納的收入（包括營業稅、所得稅、利潤和城市維護建設稅）、中央企業上交利潤，等等。外貿企業出口退稅，除現在地方已經負擔的20%的部分外，以後發生的出口退稅全部由中央財政負擔。地方固定收入包括：營業稅（不含銀行總行、鐵道、保險總公司的營業稅）、地方企業所得稅、地方企業上交利潤、個人所得稅、城鎮土地使用稅、固定資產投資方向調節稅、城市維護建設稅（不含銀行總行、鐵道、保險總公司集中交納的部分）、房產稅、車船使用稅、印花稅、屠宰稅、農業稅、牧業稅、耕地占用稅、契稅、遺產稅、贈予稅、房地產增值稅、國有土地有償使用收入等。中央財政與地方財政共享收入包括：增值稅、資源稅、證券交易稅。增值稅由中央分享75%，由地方分享25%。資源稅按不同的資源品種劃分，將陸地資源稅作爲地方收入，將海洋石油資源稅作爲中央收入。證券交易稅，中央和地方各分享50%。通過以上改革，中央與地方直接組織財政收入的格局將發生較大變化。按體制測算，中央財政直接組織的收入將占到全國財政收入的60%左右，中央財政支出約占40%左右，還有20%的收入通過建立規範化、科學化的轉移支付制度向地方轉移。

（3）中央財政對地方財政稅收返還數額的確定。政府科學核定地方收支數額，逐步實行比較規範的中央財政對地方的稅收返還和轉移支付制度。中央財政對地方稅收返還數額以1993年爲基期年核定。按照1993年地方實際收入、稅制改革、中央地方收入劃分情況，核定1993年中央從地方淨上劃的收入數額，即消費稅+75%的增值稅－中央下劃收入（指在原體制中歸中央、實行新體制後劃給地方的收入），並以此作爲中央對地方稅收返還的基數。從1994年的開始，稅收返還數額在1993年基數上逐年遞增，遞增率按全國增值稅和消費稅增長率1：0.3的系數確定，即全國增值稅和消費稅每增長1%，中央財政對地方的稅收返還增長0.3%。

（4）原包干體制有關事項的處理。實行分稅制以後，原體制下，分配格局暫時不變，過渡一段時間後，再逐步規範化。原體制下，中央對地方的補助繼續按規定補助。原體制地方上解仍按不同體制類型執行。實行遞增上解的地區，按原規定繼續遞增上解；實行定額上解的地區，按原確定的上解額，繼續定額上解；實行總額分成地區和原分稅制試點的地區，暫按遞增上解辦法，即按1993年實際上解數和核定遞增率，每年遞增上解。

但也要看到，新的形勢下，分稅制的實施也出現了很多問題，現行的中央與地方財政事權和支出責任劃分還不同程度地存在不清晰、不合理、不規範等問題。十八屆三中全會公報提出，必須完善立法、明確事權、改革稅制、穩定稅負、透明預算、提高效率，建立現代財政制度，發揮中央和地方兩個積極性。2016年8月24日，《國務院關於推進中央與地方財政事權和支出責任劃分改革的指導意見》出臺，對推進中央與地方財政事權劃分、完善中央與地方支出責任劃分、加快省以下財政事權和支出責任劃分等給出了具體意見、保障和配套措施。

9.3 政府間轉移支付

9.3.1 政府間轉移支付概述

1. 政府間轉移支付的含義

1928年，庇古在其著作《財政學研究》中最早提出了轉移支付這個概念。政府間轉移支付，就是指一個國家的各級政府之間在既定的職責範圍、支出責任和稅收劃分框架下所進行的財政資金的相互轉移。政府間轉移支付包括上級政府對下級政府的各項補助、下級政府向上級政府的上解收入、共享稅的分配以及發達地區對不發達地區的補助等。一般來講，可以將政府間轉移支付分爲上下級之間的縱向轉移支付和地區之間的橫向轉移支付兩種形式，一般以縱向轉移爲主。

2. 政府間轉移支付的特點

（1）政府間轉移支付的範圍只限於政府之間，它是在政府之間進行的財政資金分配活動。

（2）政府間轉移支付是無償的支出，這部分支出的分配原則不是等價交換，而是按均等化原則來分配。

（3）政府間轉移支付並非政府的終極支出，只有接受轉移支付的政府主體將資金使用出去後，才形成終極支出。

3. 實行政府間轉移支付的理論依據

實行政府間轉移支付的必要性和政策目標的確定，取決於政府間轉移支付的理論依據。概括起來，政府間轉移支付的理論依據有以下四個方面：

（1）糾正政府間的縱向財政失衡。大部分國家通過政府間轉移支付實現縱向財政平衡，即彌補不同層級政府自身支出與收入之間的財政缺口。

（2）糾正政府間的橫向財政失衡。有時候也被稱爲均等化，就是指一個國家的所有公民，無論其居住在任何地區，都有權利享受政府提供的基本均等的公共產品，如教育、醫療等。根據均等化的目標，經濟相對落後、財政實力相對較弱的地區可以得到上級政府較多的轉移支付。

（3）糾正某些公共產品的外部性。當地區間存在外部性問題時，即一個地方政府的公共產品不僅使本區居民享受，也惠及其他地區。地方政府往往沒有足夠的動力提供足夠的此類公共產品。爲鼓勵地方政府提供更多數量的該類公共產品，有必要提供某種形式的配套撥款，轉移支付就可以解決這個問題。

（4）加強中央財政對地方財政的宏觀調控。對中央財政來說，可以通過長期努力，多集中一些財政收入，提高中央政府對區域經濟發展的宏觀調控能力，並通過對地方政府不同形式的補助，貫徹中央政府宏觀調控的政策意圖，增強財政資金的邊際使用效益，促進資源的有效配置。通過建立合理的財政轉移支付制度，更可以使中央財政從與各省的博弈中解脫出來，集中精力提高管理水平、加強宏觀調控。

9.3.2 政府間轉移支付的種類及方法

1. 政府間轉移支付的種類

（1）根據地方政府使用補助資金權限的大小可將政府間轉移支付劃分爲無條件轉移支付和有條件轉移支付兩類。無條件轉移支付，又稱爲收入分享或一般性補助，是指中央政府向地方政府撥款，不附帶使用條件，也不指定資金的用途。有條件轉移支付，又稱爲專項補助，是指一種具有明確的資金用途規定即附有關於資金使用的附加條件的政府間轉移支付形式。

（2）根據政府間的關係可將政府間轉移支付劃分爲縱向轉移支付、橫向轉移支付和混合轉移支付三類。縱向轉移支付,主要方法是撥付補助金、共享稅和稅收分成。橫向轉移支付,主要用來調整橫向失衡。混合轉移支付,主要是以縱向為主、橫向為輔。

2. 政府間轉移支付的一般方法

(1) 財政收入能力均等化模式。該模式不考慮地區的支出需求,只考慮地區間財政能力的均等化,依照某種收入指標確定轉移支付對象與轉移支付額。

(2) 支出均衡模式。該模式不考慮地區間財政收入能力的差異,只考慮地區間支出需求的差異。主要被一些發展中國家採用。

(3) 收支均衡模式。該模式通過計算各地標準收入能力和標準支出需求,根據收支之間的差額來確定對各個地區的財政轉移支付額。

(4) 支出需求均衡模式。該模式主要以有限的支出需求與有限的理論收入之間的差額為轉移支付的確定依據。

9.3.3 我國中央對地方轉移支付制度

建立規範的政府間轉移支付制度,是正確處理各級政府間財政關係、充分發揮中央財政縱向與橫向平衡功能的一個重要手段。自1994年實行分稅制財政管理體制以來,我國逐步建立了符合社會主義市場經濟體制基本要求的財政轉移支付制度。

1. 我國中央對地方轉移支付類型

財政轉移支付存在很多分類。目前,我國中央對地方轉移支付類型主要是一般性轉移支付和專項轉移支付。

(1) 一般性轉移支付,主要包括均衡地區間財力差距的均衡性轉移支付、民族地區轉移支付以及作為國家增支減收政策配套措施的調整工資轉移支付、農村稅費改革轉移支付等。

(2) 專項轉移支付,是中央政府對地方政府承擔中央委託事務、中央地方共同事務以及符合中央政策導向的事務進行的補助,享受撥款的地方政府需要按照規定用途使用資金,實行專款專用。如基礎設施建設、農業、教育衛生、社會保障以及環境保護等方面均設立了專項轉移支付項目。

2. 中央對地方轉移支付制度存在的不足

據統計,2016年我國中央對地方轉移支付規模達到5.29萬億元,其中一般性轉移支付3.2萬億元,專項轉移支付2.09萬億元,有力地推進了基本公共服務均等化,促進了區域協調發展,保障了各項民生政策的順利落實。但仍需要清醒地看到,現行中央對地方轉移支付制度還存在一些差距和不足。主要表現為:轉移支付改革與財政事權、支出責任劃分改革銜接不夠;轉移支付資金統籌力度有待加強,資金閒置沉澱問題依然存在;專項轉移支付清理整合沒有到位;轉移支付管理有待規範,預算公開和績效評價有待加強;等等。

3. 中央對地方轉移支付制度的改革和完善

目前,我國現行的政府間財政轉移支付制度的依據主要是政府行政性規章《中華人民共和國預算法》(以下簡稱《預算法》),並沒有關於轉移支付制度的基本法。

1994年，八屆全國人大二次會議通過《預算法》。此後，《預算法》經歷了多次的修正，最近的一次是2014年十二屆全國人大十次會議上的修正，自2015年起施行。新《預算法》高度重視財政轉移支付制度的建設，在總共11章中有7章涉及轉移支付問題，在總共101條款中有11條涉及轉移支付問題。

在制度思路方面，新《預算法》第16條規定：轉移支付制度的原則為"規範、公平、公開"，轉移支付制度的目標是"推進地區間基本公共服務均等化"，轉移支付的覆蓋範圍包括"中央對地方的轉移支付和地方上級政府對下級政府的轉移支付"，轉移支付工作的重點是"以為均衡地區間基本財力、由下級政府統籌安排使用的一般性轉移支付為主體"，轉移支付制度運行機制包括"建立健全專項轉移支付的定期評估機制、退出機制、準入機制以及資金配套機制"。新《預算法》第38條規定：轉移支付預算編制形式為"一般性轉移支付和專項轉移支付"；預算編制方法根據類型劃分，"一般轉移支付預算按照國務院規定的基本標準和計算方法編制，專項轉移支付按照分地區、分項目編制"。

在審查監督制度方面，新《預算法》第48條規定：轉移支付審查監督制度包括各級人民代表大會負責"對下級政府的轉移性支出預算是否規範、適當"等情況進行重點審查。新《預算法》第71條規定：有關"接受增加專項轉移支付的縣級以上地方各級政府和鄉級政府應當向本級人民代表大會常務委員會和鄉人民代表大會報告有關情況"；新《預算法》第79條規定：縣級以上各級人民代表大會常務委員會和鄉級人民代表大會負責對本級"財政轉移支付安排執行情況"進行重點審查。

在相關責任追究制度方面，新《預算法》第93條規定：對於"擅自改變上級政府專項轉移支付資金用途的"行為，在"責令改正"的同時需對"負有直接責任的主管人員和其他直接責任人員依法給予降級、撤職、開除的處分"。

2015年2月，國務院頒布《國務院關於改革和完善中央對地方轉移支付制度的意見》，進一步指出改革和完善中央對地方轉移支付制度的必要性，並從頂層設計的角度給出具體改革方向：優化轉移支付結構；完善一般性轉移支付制度；從嚴控制專項轉移支付；規範專項轉移支付分配和使用；逐步取消競爭性領域專項轉移支付；強化轉移支付預算管理；調整優化中央基建投資專項；完善省以下轉移支付制度；加快轉移支付立法和制度建設；等等。

總結提要

1. 所謂政府間財政關係，就是指中央政府與地方政府之間在公共收支上的權責關係。

2. 財政分權，就是指財政權力體系在中央政府與地方政府之間的分散及統一。代表理論有：①馬斯格雷夫分權理論；②斯蒂格勒最優分權模式；③奧茨的分權定理；④布坎南的俱樂部理論；⑤特里西的偏好誤識理論；⑥蒂伯特的"用腳投票"理論。

3. 分稅制是指在明確劃分各級政府事權和支出範圍的基礎上，按照事權與財權統一的原則，劃分各級政府的稅收管理權限與稅收收入，並通過轉移支付制度加以調節的財政管理制度。分稅制是財政分權的典型代表，是市場經濟國家普遍推行的一種財政管理體制模式。

4. 政府間轉移支付，就是指一個國家的各級政府彼此之間在既定的職責範圍、支出責任和稅收劃分框架下所進行的財政資金的相互轉移。政府間轉移支付包括上級政府對下級政府的各項補助、下級政府向上級政府的上解收入、共享稅的分配以及發達地區對不發達地區的補助等。

5. 政府間轉移支付的理論依據有以下四個方面：①糾正政府間的縱向財政失衡；②糾正政府間的橫向財政失衡；③糾正某些公共產品的外部性；④加強中央財政對地方財政的宏觀調控。

復習思考題

1. 簡述財政分權理論及其流派。
2. 中國的分稅制效果如何？應該如何完善？
3. 簡述政府間轉移支付的含義、特點和方法。
4. 中國的轉移支付制度應如何改進？

第 10 章 公共經濟政策

本章學習目標：

- 準確把握公共經濟政策的含義和目標；
- 基本掌握公共經濟政策工具；
- 熟練掌握財政政策和貨幣政策的協調運用；
- 基本瞭解當前公共經濟政策專題。

任何政府在行使其經濟職能時，都離不開制定公共經濟政策，公共經濟政策是現代政府面對經濟進行有計劃的干預的產物。

10.1 公共經濟政策概述

10.1.1 公共經濟政策的含義

公共經濟政策是指政府在一定時期內爲實現特定任務和戰略目標而制定的組織、調節、控制公共經濟活動的行爲規範和措施。公共經濟政策是建立在市場機制作用基礎上的、並同市場運行變量有內在聯繫的經濟範疇，是國家宏觀調控經濟運行、保障市場經濟健康發展的重要工具。

10.1.2 公共經濟政策的目標

公共經濟政策的目標就是政府制定和實施公共經濟政策所要達到的目的。它反應了政府的意圖，也是選擇各種政策手段及工具的基本依據。各個國家制定和實施公共經濟政策的總目標不盡相同，但一般來講，都會圍繞經濟增長目標、就業目標、通貨膨脹目標和國際收支目標展開。

1. 經濟增長

經濟增長是指一定時期內經濟的持續均衡增長。經濟增長是經濟全面發展的主要指標。它既體現經濟總量的增加，也體現人均收入的增長和生活質量的改善；同時，總量上的增長建立在比例協調、結構優化和效率提升的基礎上。促進經濟增長是在調節社會總供給與社會總需求的關係中實現的。因此，爲了促進經濟增長，政府必須調節社會總供給與社會總需求的關係，使之達到基本平衡。

2. 充分就業

充分就業是指包含勞動在內的一切生產要素都能以願意接受的價格參與生產活動的狀態，即消除了週期性失業的情況。充分就業並不是所有勞動者都有工作，而是存在一定的失業率，這個失業率是被社會允許並能被社會所接受的。失業一般分爲三種類型：摩擦性失業、自願性失業和非自願性失業。前兩種失業類型與充分就業並不矛盾，二者之和占全部勞動力的比重稱爲"自然失業率"，因此，所謂充分就業就是使失業率保持在自然失業率之下的就業狀態。在我國，存在著勞動者充分就業的需求與勞動力總量過大但素質不相適應之間的矛盾，並將成爲一個長期存在的問題。因此，它是我國政府制定和實施公共經濟政策的一個重要方面。

3. 物價穩定

物價穩定是指一般價格水平的穩定或價格總水平的穩定，不出現嚴重的通貨膨脹。一般價格水平的變化通常用價格指數來表示，價格穩定就是指價格指數基本穩定不變，也就是保持一般價格水平的穩定。但是，並不排除某種商品價格相對於其他商品價格的變動。物價穩定是世界上絕大多數國家的一個公共經濟調節目標，也是中央銀行執行貨幣政策的首要目標。通過穩定物價，有利於促進國民經濟持續健康發展，提高人們的生活水平。

4. 國際收支平衡

國際收支平衡是指一國淨出口與淨資本流出差額恰好抵消而形成的平衡。對大多數國家來說，實現國際收支平衡的準確含義，不是消極地使一國的國際收支帳戶的經常收支和資本收支相抵，也不是消極地防止一國外匯儲備有所增加，或使其至少不會減少。爲了達到國際收支的平衡，政府必須採取有效的匯率政策和資本流動管理等手段。

經濟增長、充分就業、物價穩定和國際收支平衡這四個政策目標往往相互聯繫而又此消彼長。由於各國經濟情況千差萬別，四個政策目標之間的關係遠比上述兩種情況複雜。總的來講，這四個政策目標可能走向一致也可能互相背離，往往呈現出週期性波動。因此，宏觀調控可以運用財政、貨幣政策等多種政策工具進行調節，恰當處理四個政策目標的關係，尋求一個平衡點。

10.2　公共經濟政策工具

由於經濟運行的複雜性與調控目標的綜合性，決定了公共經濟政策在現實中表現爲由互相聯繫、取長補短的政策工具所組成的政策體系。公共經濟政策工具主要包括財政政策、貨幣政策、匯率政策、產業政策、投資政策、就業政策、收入分配政策和價格政策等。

10.2.1　財政政策

1. 財政政策的含義

財政政策是指政府爲了調節總需求變動及總需求與總供給之間的關係，而調整財政收支規模和保持收支平衡的指導原則及相應措施的總稱。財政政策是由預算政策、稅收政策、支出政策和公債政策等構成的一個政策體系。

2. 財政政策的目標

財政政策目標，就是通過財政政策的制定和實施所要達到的目的或產生的效果，它構成財政政策的核心內容。不同國家在不同時期實行的財政政策不盡相同。我國現階段財政政策的目標包括以下幾個方面。

（1）物價相對穩定。這是財政政策穩定功能的基本要求。物價相對穩定，並不是凍結物價，而是把物價總水平的波動約束在經濟穩定發展可容納的範圍之內。物價相對穩定，可以具體解釋為避免過度的通貨膨脹或通貨緊縮。

（2）經濟可持續均衡增長。它要求經濟的發展保持在一定的速度區間，既不要出現較大的下降、停滯，也不要出現嚴重的過熱。衡量經濟增長，除總量的增長外，還應包括質的提高，如技術的進步、資源的合理配置、社會結構、生態平衡等。在制定財政政策時應考慮的基本問題，是如何去引導經濟發展以實現最佳的經濟增長。

（3）收入合理分配。收入合理分配是指社會成員的收入分配公正、合理，實現公平與效率相結合，避免收入過於懸殊。公平分配並不是平均分配，它是在一定社會規範下既有差距又注意均衡協調的分配。我國當前處理分配問題的原則是"效率優先，兼顧公平"。

（4）資源合理配置。資源合理配置是指對現有的人力、物力、財力等社會資源進行合理分配，使其發揮最有效的作用，獲得最大的經濟和社會效益。財政作為政府對資源配置進行調節的重要工具，其方式表現為兩個方面：一是通過財政收入和支出的分配數量和方向直接影響各產業的發展；二是通過制定合理的財政稅收政策，引導資源在地區之間、行業之間的合理流動。

（5）提高社會生活質量。經濟發展的最終目標是滿足社會全體成員的需要。需要的滿足程度，不僅僅取決於個人消費需求的實現，更取決於社會的共同消費需求的實現。社會共同的消費需求，包含公共安全、環境質量、生態平衡、基礎科學研究和教育、文化、衛生等的水平提高。因此，社會共同消費需求的滿足程度，即為社會生活質量的水平。財政政策把社會生活質量作為政策目標之一，主要採取定期提高工教人員的工資、增加社會公共設施的投資、提高公共福利的服務水平、對農副產品的生產和流通實施多種補貼等方式。

3. 財政政策工具

財政政策工具也被稱為財政政策手段，是指政府為實現一定財政政策目標而採取的各種財政手段和措施。它主要包括預算、稅收、公債、政府投資、公共支出和財政補貼等。

4. 財政政策類型

（1）根據調節經濟週期的作用來劃分，財政政策分為自動穩定的財政政策和相機抉擇的財政政策。

自動穩定的財政政策是指財政制度本身存在一種內在的、不需要政府採取其他干預行為就可以隨著經濟社會的發展自動調節經濟運行的機制。這種機制也被稱為財政自動穩定器。這種自動穩定器的穩定性主要表現在兩個方面：一是累進所得稅（包括個人所得稅和企業所得稅）的自動穩定作用；二是財政支出的自動穩定性。

相機抉擇的財政政策是當財政政策本身沒有自動穩定的作用時，需要借助外力才能對經濟產生調節作用的機制。一般來說，這種政策是政府根據一定時期的經濟社會狀況，主動靈活地選擇不同類型的反經濟週期的財政政策工具，干預經濟運行行為，實現財政政策目標。漢森提出的汲水政策和補償性政策都是典型的相機抉擇財政政策。

（2）根據財政政策在調節國民經濟總量和結構中的不同功能來劃分，財政政策可區分為擴張性財政政策、緊縮性財政政策和中性財政政策。

擴張性財政政策是指通過財政分配活動來增加和刺激社會總需求。在社會總需求不足的情況下，經濟蕭條，此時，政府通常採用擴張性財政政策，通過減稅、增加財政支出等手段擴大需求，結果往往會導致財政赤字擴大。

緊縮性財政政策是指通過財政分配活動來減少和抑制總需求。在社會總需求大於社會總供給的情況下，經濟繁榮，此時政府通常採用緊縮性財政政策，通過增加稅收、減少財政支出等手段抑制社會需求，結果往往會導致財政赤字縮小或盈餘擴大。

中性財政政策是指財政的分配活動對社會總需求的影響保持中性，財政的收支活動既不會產生擴張效應，也不會產生緊縮效應。實踐中這種情況是很少存在的。當社會總供求基本平衡，經濟穩定增長，此時政府會採用中性財政政策。

10.2.2 貨幣政策

1. 貨幣政策的含義

貨幣政策是指中央銀行為實現既定的經濟目標，運用各種政策工具調節貨幣供給和需求，進而影響宏觀經濟運行的相應的指導原則及措施。

2. 貨幣政策的目標

貨幣政策的目標是指通過制定和實施貨幣政策所要達到的目的或產生的效果。當今各國貨幣政策的最終目標有四個：物價穩定、充分就業、經濟增長和國際收支平衡。根據我國的《中華人民共和國中國人民銀行法》規定，貨幣政策的基本目標：保持貨幣幣值的穩定，並以此促進經濟增長。

3. 貨幣政策工具

貨幣政策工具也稱貨幣政策手段，是指中央銀行為實現一定貨幣政策目標而採取的各種手段和措施。西方國家貨幣政策工具常用的三大傳統手段：法定存款準備金率、貼現率政策和公開市場業務，輔之以道義勸告、行政干預、金融檢查等其他調節手段。目前我國使用的貨幣政策工具有：法定存款準備金、信貸規模、再貸款手段、再貼現、公開市場業務和利率等。

4. 貨幣政策的類型

（1）擴張性貨幣政策，也稱寬鬆的貨幣政策，指中央銀行通過降低利率，增加貨幣供給，使得貨幣供應量超過經濟過程對貨幣的實際需要量，進而刺激私人投資、增加總需求、從而刺激經濟增長、增加國民收入、實現充分就業。

（2）緊縮性貨幣政策，也稱為從緊的貨幣政策，指中央銀行通過提高利率，減少貨幣供給，使得貨幣供應量小於經濟過程對貨幣的實際需要量，進而縮減私人投資，抑制總需求，從而抑制經濟的過熱以及通貨膨脹。

（3）中性貨幣政策，是指使貨幣利率與自然利率完全相等，保證貨幣因素不對經濟運行產生影響，從而保證市場機制可以不受干擾地在資源配置過程中發揮基礎性作用。

5. 財政政策與貨幣政策的協調配合

財政政策和貨幣政策是政府公共經濟政策的兩大主要政策。要想順利實現公共經濟政策所制定的目標，需要運用恰當的政策工具。如果政策工具運用不當，不僅難以實現政策目標，甚至可能會加劇經濟波動。為了達到理想的調控效果，通常需要將財政政策和貨幣政策配合使用。

一般情況下，財政政策與貨幣政策有四種常見的配合模式：

（1）雙緊政策，即緊的財政政策和緊的貨幣政策配合。緊的財政政策主要通過增加稅收和削減政府支出規模來減少消費和投資，從而抑制社會總需求；緊的貨幣政策主要通過提高法定準備金率、利率等來增加儲蓄，減少貨幣供應量，從而抑制社會投資和消費需求。當社會總需求大大超過社會總供給，就會出現較大程度的膨脹，這時就需要政府採取政策手段來抑制通貨膨脹。這時，適宜的財政、貨幣政策的配合模式應是雙緊政策模式。雙緊政策配合使用，可對經濟產生有力的緊縮作用。但如果調控力度過猛，也可能造成通貨緊縮等問題。

（2）雙鬆政策，即鬆的財政政策和鬆的貨幣政策配合。鬆的財政政策主要通過減少稅收和擴大政府支出規模來增加消費和投資，從而增加社會總需求；鬆的貨幣政策主要通過降低法定準備金率、利率等來擴大信用規模，增加貨幣供應量。當社會有效需求嚴重不足、生產能力閒置、失業增加時，擴大社會需求就成為政府調節經濟的首要目標。這時，應選擇適宜的財政政策、貨幣政策相配合的雙鬆政策模式。需要注意的是，如果調控力度過猛，也可能造成嚴重的通貨膨脹。

（3）緊財政、鬆貨幣政策，即緊的財政政策和鬆的貨幣政策配合。緊的財政政策可以抑制社會總需求，防止經濟過熱，控制通貨膨脹；而鬆的貨幣政策可以保持經濟的適度增長。當社會經濟運行較為平穩，又不存在通貨膨脹危險時，適宜的財政、貨幣政策的配合模式應是緊財政、鬆貨幣政策。

（4）鬆的財政政策和緊的貨幣政策配合。鬆的財政政策可以刺激需求，對克服經濟蕭條較為有效；而緊的貨幣政策可以避免過高的通貨膨脹。當面臨一定程度的通貨膨脹風險，但社會需求相對不足時，適宜的財政、貨幣政策的配合模式應是鬆財政、緊貨幣政策。

到底採取哪一種政策配合模式，取決於宏觀經濟運行的狀況及政府所要達到的政策目標。一般來講，鬆緊搭配的政策配合模式對解決社會供求矛盾的適應性強，有較大的靈活性，並且對經濟運行的衝擊較小，可以在不同的情況下使用，因此成為我國財政政策與貨幣政策協調運用的實踐中最為常用的配合模式。

專欄：積極財政政策加大力度，穩健貨幣政策靈活適度

2016年3月5日，第十二屆全國人民代表大會第四次會議在人民大會堂舉行開幕會，國務院總理李克強作政府工作報告。報告首先提出，穩定和完善宏觀經濟政策，保持經濟運行在合理區間。強調積極的財政政策要加大力度，穩健的貨幣政策要靈活適度。

積極的財政政策要加大力度

報告明確，適度擴大財政赤字，主要用於減稅降費，進一步減輕企業負擔。今年將採取三項舉措。一是全面實施營改增，從5月1日起，將試點範圍擴大到建築業、房地產業、金融業、生活服務業，並將所有企業新增不動產所含增值稅納入抵扣範圍，確保所有行業稅負只減不增。二是取消違規設立的政府性基金，停徵和歸並一批政府性基金，擴大水利建設基金等的免徵範圍。三是將18項行政事業性收費的免徵範圍，從小微企業擴大到所有企業和個人。實施上述政策，今年將比改革前減輕企業和個人負擔5 000多億元。同時，適當增加必要的財政支出和政府投資，加大對民生等薄弱環節的支持。創新財政支出方式，優化財政支出結構，該保的一定要保住，該減的一定要減下來。

可以看出，財政政策是2016年宏觀政策發力的優先方向。具體來看，相對2015年比2014年的增加值，今年安排財政赤字規模多增2 900億元，增幅達107%；赤字率也從去年的2.3%大幅提高到3%。同時，今年地方政府財政赤字的擴張規模明顯大於中央政府，這反應出中央政府對經濟下行情況下，地方政府財政收入增長乏力的擔憂，給地方政府應對潛在債務風險留出較大空間。

李克強在報告中宣布，今年5月1日起全面實行"營改增"（營業稅改增值稅），以降低全社會稅負，確保"所有稅負只減不增"。這對於今年新加入"營改增"的房地產、金融、建築、生活服務等行業是明顯利好；也反應出政府經濟刺激方式的新調整，逐漸從擴大政府支出轉向以減少政府收入、減輕企業負擔作爲財政擴張優先方向。

此外，政府工作報告還提出，加快財稅體制改革，合理確定增值稅的中央和地方分享比例。把適合作爲地方收入的稅種下劃給地方，在稅政管理權限方面給地方適當放權。進一步壓縮中央專項轉移支付規模，今年一般性轉移支付規模增長12.2%。全面推開資源稅從價計徵改革。依法實施稅收徵管。建立規範的地方政府舉債融資機制，對財政實力強、債務風險較低的，按法定程序適當增加債務限額。各級政府要堅持過緊日子，把每一筆錢都花在明處、用在實處。

穩健的貨幣政策要靈活適度

根據政府工作報告，今年廣義貨幣M2預期增長13%左右，社會融資規模餘額增長13%左右。要統籌運用公開市場操作、利率、準備金率、再貸款等各類貨幣政策工具，保持流動性合理充裕，疏通傳導機制，降低融資成本，加強對實體經濟特別是小微企業、"三農"等的支持。

從表述來看，今年的表述由去年的穩健的貨幣政策要"鬆緊適度"調整爲"靈活適度"，更加強調"靈活"這一特徵，並且強調要"保持流動性合理充裕"，而"充

裕"一詞在去年的報告中並未出現。今年廣義貨幣增長目標從去年的12%，重新調高到此前幾年的13%，也釋放出貨幣政策將比較寬鬆的信號。

事實上，在此前G20峰會前後，財政部部長樓繼偉和央行行長周小川做出了關於全球貨幣政策基調要總體寬鬆、中國貨幣政策事實上"穩健略偏寬鬆"等表態，政府工作報告的表述和提出的目標再次確認了這個信號。

中國人民大學財政金融學院副院長趙錫軍表示，2016年是"十三五"的開局之年，也是全面建設小康決勝階段，非常重要。而"穩增長"應該是最重要的，從貨幣政策角度來看，廣義貨幣量預計增長13%，社會融資總規模增長13%左右，這兩個指標相對穩健、比較靈活、略微寬鬆，目的是為今年供給側改革、結構調整、創新創業等營造相對寬鬆的環境。

此外，政府工作報告提出，要深化金融體制改革。加快改革完善現代金融監管體制，提高金融服務實體經濟效率，實現金融風險監管全覆蓋。深化利率市場化改革。繼續完善人民幣匯率市場化形成機制，保持人民幣匯率在合理均衡水平上基本穩定。深化國有商業銀行和開發性、政策性金融機構改革，發展民營銀行，啓動投貸聯動試點。推進股票、債券市場改革和法治化建設，促進多層次資本市場健康發展，提高直接融資比重。適時啓動"深港通"，建立巨災保險制度。規範發展互聯網金融。大力發展普惠金融和綠色金融。加強全口徑外債宏觀審慎管理。扎緊制度籠子，整頓、規範金融秩序，嚴厲打擊金融詐騙、非法集資和證券期貨領域的違法犯罪活動，堅決守住不發生系統性、區域性風險的底線。

資料來源：積極財政政策加大力度，穩健貨幣政策靈活適度［N］.上海金融報，2016-03-08.

10.2.3 其他政策工具

1. 匯率政策

匯率政策指政府爲達到國際收支均衡的目的，利用本國貨幣匯率的升降來控制進出口及資本流動的相應的指導原則及措施。在我國，匯率政策是改革和開放政策的關鍵要素。

匯率政策最主要的內容是匯率制度的選擇。匯率制度是指一個國家政府對本國貨幣匯率水平的確定、匯率的變動方式等問題所作的一系列安排或規定。傳統上，按照匯率變動的方式可將匯率制度分爲固定匯率制度和浮動匯率制度兩大類。其中浮動匯率制度又主要分爲自由浮動和管理浮動兩類。

當今世界是開放的，財政政策和貨幣政策在不同匯率制度和資本流動狀況下的實施的效果不盡相同。

（1）固定匯率制下的財政政策與貨幣政策。①在資本完全自由流動的情況下，財政政策非常有效，貨幣政策完全無效。例如，採取擴張的財政政策，會使產出增加，利率上升，導致資金流入國內，本幣升值，最後引起產出增加；採取擴張的貨幣政策，會使貨幣供給增加，利率下降，資本外流，本幣有貶值壓力。爲了維護固定匯率，貨幣當局將在貨幣市場中買入人民幣，賣出外匯，貨幣供給量將減少，對總收入沒有影響，所以貨幣政策無效。②在資本完全不流動的情況下，本國利率將不影響國際收支，財政政策完全無效，貨幣政策完全無效。③在資本不完全流動的情況下，財政政策有一定的效果，貨幣政策完全無效。

（2）浮動匯率制下的財政政策與貨幣政策。①在資本完全自由流動的情況下，財政政策完全無效，貨幣政策非常有效。例如，採取擴張的財政政策，會使產出增加、利率上升，導致資金流入國內、國際收支出現順差，匯率有升值的壓力，會使進口增加，直到國際收支恢復均衡，總收入水平不變，財政政策無效；採取擴張的貨幣政策，會使貨幣供給增加，利率下降，資本外流，匯率貶值，國際收支出現逆差，會使出口增加，直到國際收支恢復均衡，總收入水平增加，貨幣政策有效。②在資本完全不流動的情況下，國際收支平衡，財政政策有一定的效果，貨幣政策也有一定的效果；③在資本不完全流動的情況下，財政政策還是比較有效的，貨幣政策有一定的效果。

隨著中國經濟日益融入全球經濟，國際貨幣基金組織（IMF）已將人民幣納入特別提款權貨幣籃子。下一步，匯率政策應符合市場經濟的更高要求，即匯率更加靈活，經常帳戶和資本帳戶資金流動更加自由，本外幣兌換更加方便，並能為我國和外國投資者提供風險管理工具。

專欄：人民幣納入 SDR 意味着什麼

10 月 1 日，人民幣將正式納入國際貨幣基金組織（IMF）特別提款權（SDR）貨幣籃子。

這是 SDR 創建以來首次納入發展中國家貨幣，是中國融入全球金融體系的重要里程碑，對中國的積極意義也是多方面的。

首先，提升人民幣的國際認可度。央行副行長易綱表示，整體來看，市場對人民幣的預期會提升，它將是一個更穩定、更廣泛被接受的貨幣，人們會更有信心持有人民幣資產。雖然人民幣"入籃"SDR 短期內不會對各國央行的資產配置產生太大影響，但相信未來一段時間會有越來越多的國家願意持有人民幣作為儲備金融資產。據瞭解，央行目前已與 31 個國家或地區簽署了貨幣互換協議，協議總金額達 3.1 萬億元人民幣。

其次，更廣泛地應用於跨境交易。"入籃"SDR 之後，人民幣的使用會更加方便、更加穩定，將會更廣泛地應用於跨境交易之中。伴隨著人民幣可兌換性、外匯儲備的提高，將令企業"走出去"的成本降低，便捷程度不斷提高。與此同時，不僅給國內老百姓帶來長期利益，比如以後到世界各地旅遊、留學、探親、購物，使用人民幣更加方便；還給世界各國百姓，尤其是中國周邊國家和"一帶一路"沿線國家的人民都會帶來實惠。今後，無論是貿易，還是投資，都會給企業帶來更多便捷、更多經濟利益。

再次，倒逼中國金融改革。"入籃"SDR 有助於促進國內金融改革，尤其是將倒逼我國資本帳戶開放和匯率形成機制改革。對於我國和世界經濟金融體系來說，這將是雙贏的結果。國務院總理李克強曾在會見 IMF 總裁拉加德時表示，"加入 SDR 有利於中國進一步履行維護全球金融穩定的國際責任，也有利於中國金融市場進一步開放，用開放倒逼改革"。由此可見，以開放倒逼改革，不僅是國際市場的期望，也是中國政府的願望。

最後，加速人民幣國際化進程。加入SDR是人民幣國際化的一個新的起點，也標誌着人民幣國際化進入一個全新的發展階段。中國人民大學發布的《人民幣國際化報告2016》認為，加入SDR貨幣籃子後，國際社會對中國發揮大國作用的期待更高，對人民幣發揮國際貨幣功能的需求也會增加。通過亞投行、絲路基金、人民幣跨境支付系統的務實、高效運作，引領國際資本支持"一帶一路"重大項目建設，增加人民幣的國際使用。"入籃"SDR，還將有助於人民幣在多邊使用、國際投融資、跨境資產配置、國際貨幣體系等方面實現突破，進一步加快人民幣國際化進程。

SDR是IMF於1969年創設的一種補充性儲備資產，目前貨幣籃子中有美元、歐元、日元和英鎊四種貨幣。10月1日，新的SDR貨幣籃子正式生效之後，各幣種的權重分別為美元41.73%、歐元30.93%、人民幣10.92%、日元8.33%和英鎊8.09%。人民幣將成為第三大權重貨幣。

雖然，人民幣作為國際儲備貨幣的地位得到進一步提升，但這並不意味着人民幣國際化的目標已經實現，人民幣在國際貿易與資本流動中計價、結算與價值儲藏地位並沒有得到根本改變。IMF每五年會對SDR做一次評審，一種貨幣在符合條件的時候可以加入SDR，當它不符合條件的時候也可以退出。要鞏固人民幣作為SDR籃子貨幣的地位，還需要繼續推動國內利率及匯率市場化改革，比如資本帳戶的改革、匯率機制、債券市場的開放等。未來應以人民幣"入籃"SDR為契機，加強與各國的協調、合作，在建立更加公正合理的國際貨幣體系和改善國際金融治理方面發揮更大作用。

人民幣成為國際貨幣之一，這是中國既定的戰略目標，也是一個長期過程。只有進一步堅持改革開放，距離目標的實現才會越來越近。

資料來源：張娜. 人民幣納入SDR意味着什麼[N]. 中國經濟時報，2016-09-30(1).

2. 產業政策

產業政策是政府為了達到一定的目的，通過制訂產業結構調整計劃、產業扶持計劃等手段，來引導產業發展方向、推動產業結構升級、協調產業結構的相應的指導原則及措施的總稱。

產業政策工具主要有：國民經濟計劃、產業結構調整計劃、產業扶持計劃、財政投融資、貨幣手段、項目審批等。

產業政策與其他公共經濟政策相比，具有明顯的特徵：

(1) 更強烈的政府干預色彩。產業政策比其他公共經濟政策更加深入地干預了社會再生產過程，干預了產業部門之間和產業內部的資源分配過程。

(2) 更強烈的國家趕超意識。產業政策比其他經濟政策更多地凝聚着政府乃至國家的強烈的趕超意識，其宗旨就在於優化產業結構，加速經濟發展。

(3) 更側重於調節供給。財政政策和貨幣政策等公共經濟政策主要用來調節社會總需求，而產業政策的功能主要是通過調節產業活動從而調節社會總供給。

(4) 更注重中長期的調節時間。產業政策比其他公共經濟政策的調節時間跨度更長，其發揮作用的時間跨度是中長期的。它不僅可以影響宏觀經濟的短期平衡，而且還涉及經濟發展的長期平衡。

專欄：國務院印發《"十三五"國家戰略性新興產業發展規劃》

新華社北京12月19日電 經李克強總理簽批，國務院日前印發《"十三五"國家戰略性新興產業發展規劃》（以下簡稱《規劃》），對"十三五"期間我國戰略性新興產業發展目標、重點任務、政策措施等做出全面部署安排。

《規劃》指出，戰略性新興產業代表新一輪科技革命和產業變革的方向，是培育發展新動能、獲取未來競爭新優勢的關鍵領域。要把戰略性新興產業擺在經濟社會發展更加突出的位置，緊緊把握全球新一輪科技革命和產業變革重大機遇，按照加快供給側結構性改革部署要求，以創新驅動、狀大規模、引領升級為核心，構建現代產業體系，培育發展新動能，推進改革攻堅，提升創新能力，深凡國際合作，加快發展狀大新一代信息技術、高端裝備、新材料、生物、新能源汽車、新能源、節能環保、數字創意等戰略性新興產業，促進更廣領域新技術、新產品、新業態、新模式蓬勃發展，建設制造強國，發展現代服務業，推動產業邁向中高端，有力支撐全面建成小康社會。

《規劃》提出，到2020年，戰略性新興產業增加值占國內生產總值比重達到15%，形成新一代信息技術、高端制造、生物、綠色低碳、數字創意等5個產值規模10萬億元級的新支柱，並在更廣領域形成大批跨界融合的新增長點，平均每年帶動新增就業100萬人以上。產業結構進一步優化，產業創新能力和競爭力明顯提高，形成全球產業發展新高地。

《規劃》確定了八方面發展任務。一是推動信息技術產業跨越發展，拓展網路經濟新空間。二是促進高端裝備與新材料產業突破發展，引領中國制造新跨越。三是加快生物產業創新發展步伐，培育生物經濟新動力。四是推動新能源汽車、新能源和節能環保產業快速狀大，構建可持續發展新模式。五是促進數字創意產業蓬勃發展，創造引領新消費。六是超前布局戰略性產業，培育未來發展新優勢。七是促進戰略性新興產業集聚發展，構建協調發展新格局。八是推進戰略性新興產業開放發展，拓展國際合作新路徑。

《規劃》提出了完善管理方式、構建產業創新體系、強化知識產權保護和運用、深入推進軍民融合、加大金融財稅支持、加強人才培養與激勵6方面政策保障支持措施，部署了包括集成電路發展工程、人工智能創新工程、生物技術惠民工程、新能源高比例發展工程、數字文化創意技術裝備創新提升工程等21項重大工程。要求各地區、各有關部門高度重視戰略性新興產業發展工作，切實抓好本規劃實施，加強各專項規劃、地方規劃與本規劃的銜接工作。

資料來源：國務院印發《"十三五"國家戰略性新興產業發展規劃》［EB/OL］.［2016-12-19］. https：//rc. mbd. baidu. com/7vapn06.

3. 就業政策

就業政策是政府為了解決現實中勞動者就業問題而制定的指導原則及相應措施的總稱。就業政策的目標主要分為兩個方面：一方面是解決新生勞動者的初次就業問題；另一方面是解決失業者的再就業問題。

從公共經濟學的視角看，"就業機會"屬於具有較大正外部性的準公共產品。就業機會不僅可以滿足個人對於用人單位人力資源的需求，也會為就業者提供生活來源，減輕政府福利救濟方面的負擔。然而，在市場經濟條件下，追求利潤最大化的企業往往不能提供充分的就業機會，從而會導致失業問題的出現。就業政策就是從準公共產品的最佳提供方式入手，提出政府在解決失業問題中的基本定位和作用。政府就業政策的有效實施必須依靠各種手段的綜合使用。而不同政策手段的使用，又都與既定社會條件下就業政策的具體目標緊密聯繫。就業政策作為公共經濟政策的一個重要組成部分，除了直接地促進就業問題的緩解和解決，還對社會經濟、政治也發揮著強大的調控作用。

專欄："十三五"國家促進就業亮出哪些"大招"

就業是最大的民生，也是經濟發展最基本的支撐。國務院《"十三五"促進就業規劃》6日對外公布，提出增強經濟發展創造就業崗位能力、提升創業帶動就業能力、加強重點群體就業保障能力、提高人力資源市場供求匹配能力、強化勞動者素質提升能力建設。記者從中梳理了12條"新招""實招"。

【"十三五"城鎮新增就業5 000萬人以上】規劃提出到2020年我國促進就業的目標："十三五"時期全國城鎮登記失業率控制在5%以內，創業環境顯著改善。勞動年齡人口平均受教育年限達到10.8年，新增勞動力平均受教育年限達到13.5年。全國技能勞動者總量達到約1.7億人，其中高技能人才總量達到5 500萬人、占技能勞動者總量的比重達到32%。

【支持發展共享經濟下的新型就業模式】營造有利於共享經濟加快發展的政策環境。加快完善風險控制、信用體系、質量安全、社會保障等政策法規，促進社會資源通過共享實現高效充分利用。

【鼓勵發展家庭手工業】積極發展吸納就業能力強的產業和企業加快發展民生剛性需求大、國際競爭優勢明顯的輕工業等勞動密集型制造業。創造更多居家靈活就業機會。開展加快發展現代服務業行動，鼓勵發展就業容量大、門檻低的家政護理等生活性服務業。

【不斷強化收入分配政策的激勵導向】支持勞動者以知識、技術、管理、技能等創新要素按貢獻參與分配，實行股權、期權等中長期激勵政策，以市場價值回報人才價值。

【實施重點地區促進就業專項行動】實施東北老工業基地促進就業行動、資源枯竭城市和獨立工礦區促進就業行動、產業衰退地區促進就業行動、國有林場和國有林區促進就業行動、困難地區就業援助行動。

【鼓勵科技、教育、文化等專業人才成為創業引領者】加快落實高校、科研院所等專業技術人員離崗創業政策。支持大中專畢業生轉變擇業觀念，成為創業生力軍。研究實施留學人員回國創業創新啓動支持計劃。大力支持農民工等人員返鄉下鄉創業。引導城鎮失業人員等其他各類人員以創業促就業。營造鼓勵創業、寬容失敗的社會氛圍。

【實施創業培訓計劃】開發針對不同創業群體、不同階段創業活動的創業培訓項目。試點推廣"慕課"等"互聯網+"創業培訓新模式。加強遠程公益創業培訓。研究探索通過"創業券""創新券"等方式提供創業培訓服務。鼓勵有條件的地區以政府和社會資本合作（PPP）模式組織開發新領域、新業態的創業培訓課程並實施創業培訓。建立健全政府購買服務機制。

【實施重點人群就業促進計劃】實施高校畢業生就業創業促進計劃和高校畢業生基層服務項目。促進農村勞動力轉移就業，着力穩定和擴大農民工就業規模。做好化解過剩產能職工安置工作。通過就業帶動促進1 000萬貧困人口脫貧。

【加快培育大批具有專業技能與工匠精神的高素質勞動者】繼續深入實施基礎學科拔尖學生培養試驗計劃，支持高水平研究型大學依託優勢基礎學科建設國家青年英才培訓基地。加快建立高等學校分類體系，統籌研究型、應用型、複合型等各類人才培養。

【建立全國高校繼續教育質量報告制度】推動職業院校、本科高校與行業企業共同實施全流程協同育人。落實學校在人事管理、教師評聘、收入分配等方面的辦學自主權，支持職業院校、本科高校自主聘用有豐富實踐經驗的人員擔任專兼職教師。制定實施企業參與職業教育的激勵政策、有利於校企人員雙向交流的人事管理政策，全面推進現代學徒制試點工作，深入推進職業教育集團化辦學，推動學校與企業合作建設一批共建共享的實訓基地。

【完善終身學習服務體系】為全體社會成員提供多次選擇、多種路徑的終身學習機會。鼓勵高等學校招收有實踐經歷的人員，支持社會成員通過直接升學、先就業再升學、邊就業邊學習等多種方式不斷發展。加快構建全程化、模塊化、多元化的終身學習成果評價體系。

【實施高技能人才振興計劃和專業技術人才知識更新工程】突出"高精尖缺"導向，大力發展技工教育，培訓急需緊缺人才。開展貧困家庭子女、未升學初高中畢業生、農民工、失業人員和轉崗職工、退役軍人、殘疾人免費接受職業培訓行動。組織實施化解過剩產能企業職工、高校畢業生、新生代農民工等重大專項培訓計劃。加快實施新型職業農民培育工程。

國家發展改革委有關負責人說，謀劃好新時期促進就業工作，有利於全面建成小康社會，更好保障和改善民生；有利於加快實施創新驅動發展戰略，推動經濟轉型升級；有利於促進社會和諧穩定，進一步帶動就業增長。有關部門將建立督促檢查制度，開展規劃實施情況年度監測，適時組織規劃實施中期和終期評估。

資料來源："十三五"國家促進就業亮出哪些"大招"［EB/OL］.［2017-02-07］. https：//rc.mbd.baidu.com/tereztp.

4. 收入分配政策

收入分配政策是政府針對居民收入水平高低、收入差距大小等問題，在收入分配領域制定的指導原則及相應措施的總稱。

自從中共十三大明確了按勞分配為主體、多種分配方式並存的基本分配制度之後，這一制度始終貫穿於收入分配體制改革的整個過程。收入分配改革從2004年開始啟動調研，黨中央、國務院高度採取一系列政策措施，不斷調整國民收入分配格局，加大收入分配調節力度，加快推進收入分配制度改革。2013年2月出臺的《關於深化收入分配制度改革若干意見》，明確提出"完善收入分配結構和制度，增加城鄉居民收入，縮小收入分配差距，規範收入分配秩序"的整體要求和目標任務，爲深化我國"十二五"時期收入分配制度改革明確了任務、指明了路徑。"十二五"期間，黨和國家高度重視收入分配工作，採取了一系列深化改革的政策措施，也收到了良好的效果，但是我們還應該清醒地認識到，我國城鄉居民收入增長出現乏力趨勢、居民收入分配差距縮小態勢仍不穩定、城鄉居民增收的渠道依然過窄、收入分配政策對不同群體的激勵作用尚未充分發揮等問題。

"十三五"期間，收入分配政策需要在使居民收入持續增長、解決貧富差距大、收入分配規範化與反腐結合、完善社會保障制度等領域加大力度。

專欄：七大群體將迎差別化收入分配激勵政策

國務院近日印發《關於激發重點群體活力帶動城鄉居民增收的實施意見》（以下簡稱《意見》）。《意見》瞄準技能人才、新型職業農民、科研人員、小微創業者、企業經營管理人員、基層干部隊伍以及有勞動能力的困難群體等增收潛力大、帶動能力強的七大群體，提出深化收入分配制度改革，在發展中調整收入分配結構，推出差別化收入分配激勵政策。

《意見》提出，到2020年，城鎮就業規模逐步擴大，勞動生產率不斷提高，就業質量穩步提升；城鄉居民人均收入比2010年翻一番；宏觀收入分配格局持續優化，居民可支配收入佔國內生產總值（GDP）的比重繼續提高；居民內部收入差距持續縮小，中等收入者比重上升，現行標準下農村貧困人口全部實現脫貧，共建共享的格局初步形成。

爲保證七大群體激勵計劃落實推進，《意見》提出了六大支撐行動，其中包括財產性收入開源清障。根據要求，未來要在風險可控的前提下，加快發展直接融資，促進多層次資本市場平穩健康發展。加強金融產品和金融工具創新，改善金融服務，向居民提供多元化的理財產品，滿足居民日益增長的財富管理需求。另外，還要平衡勞動所得與資本所得稅負水平，着力促進機會公平，鼓勵更多群體通過勤勞和發揮才智致富。完善資本所得、財產所得稅收徵管機制等。

中國民生銀行研究院研究員吳琦告訴《經濟參考報》記者，全面深化收入分配制度改革是"十三五"期間全面建成小康社會、跨越中等收入陷阱的必然要求和重要支撐。2013年，國務院發布的《關於深化收入分配制度改革的若干意見》明確提出，要逐步形成"橄欖型"分配結構，重要目標就是中等收入群體持續擴大，核心在於推進收入分配制度改革，持續擴大中等收入群體，不斷縮小收入差距。其中，技能人才、新型職業農民、科技人員等七大群體是主要的目標群體，一方面要通過完善收入分配激勵政策推動七大群體中的偏低收入群體進入中等收入群體，另一方面要通過資本所得、財產所得稅收徵管機制，來避免七大群體中的中等收入群體滑落到低收入群體。

資料來源：林遠. 七大群體將迎差別化收入分配激勵政策［N］. 經濟參考報，2016-10-24.

10.3 公共經濟政策專題

10.3.1 專題一：供給側結構性改革

1. 供給側結構性改革的提出和背景

2015年11月10日召開的中央財經領導小組第十一次會議上，習近平總書記提出，在適度擴大總需求的同時，着力加強供給側結構性改革，着力提高供給體系質量和效率，增強經濟持續增長動力，推動我國社會生產力水平實現整體躍升。這是我國首次提出"供給側結構性改革"。推進供給側結構性改革，對我國在"十二五"時期站在更高的發展水平上全面建設小康社會意義重大。

供給與需求，是市場經濟的一對矛盾統一體，兩者互爲表里，同生並存。從公共經濟學理論上講，在任何一個時期，既要重視供給側，又要重視需求側。但在現實經濟社會中，出臺公共經濟政策時往往需要選擇着重在供給側發力還是在需求側發力。

需求側管理的理論基礎來自於美國經濟學家約翰·梅納德·凱恩斯（John Maynard Keynes）提出的國民收入均衡分析。凱恩斯認爲經濟增長主要來自於投資、消費與淨出口這"三駕馬車"的拉動，用公式表示爲：

$$Y = C + I + G + NX$$

其中，Y代表總產出，C是消費，I是投資，G是政府支出，NX是淨出口。

當經濟出現下滑時，需求側管理理論認爲這主要是由於有效需求不足所致，因此對策就是千方百計地提高有效需求。在公共經濟政策層面，需求側管理的主要政策工具是財政政策與貨幣政策的協調配合。其中，財政政策側重於結構調整，貨幣政策側重於總量調節。

1998年亞洲金融危機以來，我國公共經濟調控總體而言是以需求側管理爲主的，對推動中國經濟增長發揮了重大的作用。但是，隨著時間的推移，需求側管理所產生的副作用正日漸明顯。中國的經濟發展正進入"新常態"：中國已成爲經濟大國，正站在從經濟大國邁向經濟強國的新起點上；"劉易斯轉折點"加速到來，要素資源約束加劇；進入中等收入國家行列，面臨"中等收入陷阱"風險；體制機制障礙較多，全面深化改革進入攻堅期；世界經濟格局深刻調整，全球治理進入新階段；等等。（《中國供給側結構性改革》第一章）爲保持經濟穩定，政府先後通過加大投資、降息降準等，試圖穩住經濟下行的態勢，但較之從前，以需求側爲主的管理所取得的效果日益下降，相反，爲此付出的代價則越發明顯。習近平總書記對新常態下中國經濟的判斷一針見血："結構性問題最突出，矛盾的主要方面在供給側。"推進供給側改革是形勢所迫，是問題倒逼的必然選擇。

2. 供給側結構性改革的理解與進程

要把握供給側結構性改革的內涵，需要弄清楚供給側改革改什麼、供給側改革怎麼改這兩個基本問題。

供給側改革改什麼？就是改結構。習近平總書記特別強調，"結構性"三個字十分重要。這裡需要說明的是，中國供給側結構性改革，同西方經濟學的供給學派研究的問題不是一回事，不能把供給側結構性改革看成是西方供給學派研究的問題的翻版。放棄需求側談供給側或放棄供給側談需求側都是片面的。中國供給側結構性改革，既強調供給又關註需求，既突出發展社會生產力又註重完善生產關係，既發揮市場在資源配置中的決定性作用又更好發揮政府作用，既著眼當前又立足長遠。改革的內涵是增強供給結構對需求變化的適應性和靈活性，不斷讓新的需求催生新的供給，讓新的供給創造新的需求，在互相推動中實現經濟發展。為此，在中央財經領導小組第十一次會議的講話上，習近平總書記全面地為"供給側結構性改革"改什麼指明了方向：去產能、去庫存、去槓桿、降成本、補短板。

供給側改革怎麼改？就是在具體改革實踐中落實好"去產能、去庫存、去槓桿、降成本、補短板"這五大任務。

一是去產能。推動鋼鐵、煤炭行業化解過剩產能。抓住處置"僵屍企業"這個牛鼻子，嚴格執行環保、能耗、質量、安全等相關法律法規和標準，創造條件推動企業兼併重組，妥善處置企業債務，做好人員安置工作。同時，要註意防止已經化解的過剩產能死灰復燃，同時用市場、法治的辦法做好其他產能嚴重過剩行業的去產能工作。

二是去庫存。堅持分類調控，因城因地施策，重點解決城市房地產庫存過多問題。把去庫存和促進人口城鎮化結合起來，提高三、四線城市和特大城市間基礎設施的互聯互通，提高三、四線城市教育、醫療等公共服務水平，增強對農業轉移人口的吸引力。

三是去槓桿。在控制總槓桿率的前提下，把降低企業槓桿率作為重中之重。支持企業市場化、法治化債轉股，加大股權融資力度，加強企業自身債務槓桿約束，等等，降低企業槓桿率。同時，要註意規範政府舉債行為。

四是降成本。在減稅、降費、降低要素成本上加大工作力度。降低各類交易成本特別是制度性交易成本，減少審批環節，降低各類中介評估費用，降低企業用能成本，降低物流成本，提高勞動力市場靈活性，推動企業眼睛向內降本增效。

五是補短板。從嚴重制約經濟社會發展的重要領域和關鍵環節、人民群眾迫切需要解決的突出問題著手，既補硬短板也補軟短板，既補發展短板也補制度短板。紮實推進脫貧攻堅各項工作，集中力量攻克薄弱環節，把功夫用到幫助貧困群眾解決實際問題上，推動精準扶貧、精準脫貧各項政策措施落地生根。

專欄：做好加減乘除　推進供給側結構性改革

今年3月，四川省政府印發《促進經濟穩定增長和提質增效推進供給側結構性改革政策措施》；6月，省委、省政府聯合印發《四川省推進供給側結構性改革總體方案》；7月，省委辦公廳和省政府辦公廳聯合印發《四川省推進供給側結構性改革去產能實施方案》等5個實施方案……

印發文件節奏越來越密，供給側結構性改革推進亦走向縱深。針對國家提出的做好供給側結構性改革"四則運算"命題，四川探索出頗具地域特點的"四川算法"。

+如何補齊發展短板，提高經濟增長質量與效益？

有了新抓手　補好"五塊短板"

今年4月的最後一天，廈門華僑電子出資18億元收購成都數聯銘品，成爲近年來國內大數據行業最大一宗收購案。

其背後，是四川現代服務業的"風起雲湧"。近年來四川省服務業快速發展，服務業增加值占國內生產總值比重在2013年是35.2%，今年上半年已達42.6%。

個案的背後，還藏着四川省對補齊發展短板、提高經濟增長質量與效益的探索與嘗試。這也正是做好供給側結構性改革"加法"的關鍵。

做好供給側結構性改革"加法"，四川省對此創新提出"一提一創一培（提質量、創品牌、培育新動能新動力）"新"三大抓手"的指向和內涵，更強調做"加法"——通過提高經濟質量效益，開展"製造+服務"試點示範，推進生產型制造向服務型製造轉變，推動"中國製造2025四川行動計劃"，來提高供給結構對需求變化的適應性和靈活性。

做好"加法"，四川省對此方向篤定。除產業發展外，還將補好脫貧攻堅、基礎設施、公共服務、生態環境、農產品質量安全等"五塊短板"。

-如何給企業減負鬆綁，激發微觀經濟活力？

簡政放權　減輕企業負擔

供給側結構性改革的"減法"，是給企業減負鬆綁，激發微觀經濟活力。對政府而言，簡政也是"減"政。"市場機制能有效調節的經濟活動，一律取消審批。"一位業內人士表示。經過多次取消、調整、下放，目前四川省本級保留的行政許可事項從過去逾800項減少到約280項，成爲保留省本級行政許可事項最少的省份之一。

降低企業成本、減輕實體企業負擔，則是供給側結構性改革所需的另一種"減法"運算。

爲企業降低成本，改革是重要路徑。四川省通過加快市場化資源性產品價格改革，推出一系列政策措施，進一步降低制度性交易、稅費、要素、融資、人力、物流六個方面的成本。初步預計到2017年，全省實體經濟企業要素成本將降低200億元以上，物流成本降低200億元以上，企業融資的擔保、評估、登記等費用控制在融資成本的3%以內。

×如何挖掘經濟發展新動力，實現"幾何式增長"？

人才引領　加快企業技術創新

一臺無屏電視，售價不到3 000元，實現1 000萬元的銷售額需要多久？去年"雙11"促銷，成都極米科技給出的答案是：10分鐘。這家成立於3年前的創業公司，研發出將電視和投影儀結合的無屏電視，在有LG、索尼等世界級企業參與競爭的家用智能投影行業，已做到出貨量全球第一。

故事背後，隱藏着做好供給側結構性改革"乘法"的秘訣——以創新發展理念，挖掘經濟發展新動力，開拓新空間，創造新產業，實現經濟發展"幾何式增長"。

加快企業技術改造創新，四川省拿出"真金白銀"支持。今年四川省將整合安排資金10億元支持技術改造和技術創新，重點支持投資規模大、帶動作用強、技術含量高的優質項目。

現實的情況表明，這註定任重道遠。2014年，發明專利授權量排名第一的北京，發明專利授權量相當於四川的4倍；深圳一個城市的發明專利授權量，相當於兩個四川。差距的背後，令人深思。

如何奮起直追？

必須堅持人才引領，目前，四川省設立規模20億元的四川省創新創業投資引導基金。今年更進一步明確，科研人員帶項目和成果到各類載體創新創業的，經原單位同意，可在3年內保留人事關係，與原單位其他在崗人員同等享有崗位晉升權利。

÷如何清除過剩產能、房地產庫存、金融槓桿等經濟發展阻礙？

"6字法則"　應對三大難題

供給側結構性改革的"除法"，是要去產能、去庫存、去槓桿，清除經濟發展阻礙。應對三大難題，四川省總結出運用"除法"運算的減、轉、長、短、去、防6字法則。

去產能做好"減"與"轉"。2013年四川省即著力化解鋼鐵、水泥、平板玻璃、電解鋁、煤炭五大重點行業過剩產能，同時，積極支持相關企業在"轉"字上下功夫，加大技術、產品和工藝創新，增加有效供給。達州鋼鐵集團有限責任公司制定削減140萬噸產能計劃，開始向釩鈦鋼鐵等方向轉型。

這同樣充滿不確定性。一方面是因為釩鈦市場價格下降同樣非常厲害，市場競爭照樣激烈；另一方面，是原有人員的轉崗問題，數萬人員的下崗，對一個地區的社會穩定是巨大的挑戰。

去庫存堅持"長"與"短"。短期通過一系列稅收、公積金、信貸等優惠政策支持購房消費，加大棚改和棚地拆遷貨幣化安置力度；長期則推進以滿足新市民住房需求為主的住房體制改革，加快落實社保、教育等配套政策，進一步釋放農業轉移人口購房需求。

去槓桿兼顧"去"與"防"，堅持去槓桿和防風險並重原則，積極引導銀行業機構去槓桿，預計到2017年四川省地方法人銀行機構槓桿率將達4%的監管最低要求。

資料來源：熊筱偉. 做好加減乘除　推進供給側結構性改革［N］. 四川日報，2016-07-28（5）.

10.3.2　專題二：大眾創業、萬眾創新

1. 大眾創業、萬眾創新的提出和背景

2014年夏季達沃斯論壇上，李克強總理第一次提出"大眾創業、萬眾創新"。他提出，要在960萬平方千米土地上掀起"大眾創業""草根創業"的新浪潮，形成"萬眾創新""人人創新"的新態勢。2015年全國兩會上，李克強總理在政府工作報告中指出要把"大眾創業、萬眾創新"打造成推動中國經濟繼續前行的"雙引擎"之一。

一方面，我國經濟高速增長無法持續，傳統比較優勢正在逐漸弱化，經濟增長動力不足是經濟發展最為核心的問題，必須要為經濟找到新的引擎。隨著我國資源環境約束日益強化，要素的規模驅動力逐步減弱，傳統的高投入、高消耗、粗放式發展方

式難以爲繼,經濟發展進入新常態,需要從要素驅動、投資驅動轉向創新驅動。另一方面,我國有13億多人口、9億多勞動力,每年高校畢業生、農村轉移勞動力、城鎮困難人員、退役軍人數量較大,人力資源轉化爲人力資本的潛力巨大,但就業總量壓力較大,結構性矛盾凸顯。目前,我國創業創新理念還沒有深入人心,創業教育培訓體系還不健全,善於創造、勇於創業的能力不足,鼓勵創新、寬容失敗的良好環境尚未形成。

推進大衆創業、萬衆創新,是培育和催生經濟社會發展新動力的必然選擇,是擴大就業、實現富民之道的根本舉措,是激發全社會創新潛能和創業活力的有效途徑。

2. 大衆創業、萬衆創新的理解與進程

如何理解大衆創業、萬衆創新呢?大衆創業與萬衆創新互爲支撐,相互促進。一方面,通過大衆創業可以激發、帶動和促進萬衆開展創新、思考創新和實踐創新,也只有通過創業的市場主體才能創造更多的創新慾望、創新投入和創新探索;另一方面,只有在萬衆創新的基礎上才可能有大衆願意創業、能夠創業、創得成業。

推進大衆創業、萬衆創新,就是要通過結構性改革、體制機制創新,消除不利於創業創新發展的各種制度束縛和桎梏,支持各類市場主體不斷開辦新企業、開發新產品、開拓新市場,培育新興產業,實現創新驅動發展,打造新引擎,形成新動力。推進大衆創業、萬衆創新,就是要通過轉變政府職能、建設服務型政府,營造公平競爭的創業環境,使各類市場創業主體通過創業增加收入,讓更多的人富起來,促進收入分配結構調整,實現創新支持創業、創業帶動就業的良性互動發展。推進大衆創業、萬衆創新,就是要通過加強全社會以創新爲核心的創業教育,不斷增強創業創新意識,使創業創新成爲全社會共同的價值追求和行爲習慣。

2015年6月4日,李克強總理主持召開的國務院第93次常務會議審議通過了《國務院關於大力推進大衆創業萬衆創新若干政策措施的意見》(以下簡稱《意見》),從創新體制機制、優化財稅政策、搞活金融市場、擴大創業投資、發展創業服務、建設創業創新平臺、激發創造活力、拓展城鄉創業渠道8個領域,提出了27個方面、93條具體政策措施。《意見》出臺至今,從中央到地方出臺了衆多配套政策與制度,大衆創業、萬衆創新已經成爲當前的熱門話題,全國掀起了大衆創業、萬衆創新的熱潮。大衆創業、萬衆創新在孵化企業、帶動就業、提升產業、推動供給側結構性改革、保持經濟運行在合理區間、促進經濟轉型升級方面都發揮了重要的作用。當然,創新創業當中也存在一些初創失敗的問題,這是世界各國都難以避免的問題。對政府而言,最重要的也是最應該採取的舉措就是傾力支持創業、寬容創新失敗,爲創新創業營造良好的氣氛。

專欄:四川全面推進大衆創業萬衆創新打造經濟社會發展新引擎

中國共產黨第十八屆中央委員會第五次全體會議,於2015年10月26日至29日在北京舉行,全會審議通過了《中共中央關於制定國民經濟和社會發展第十三個五年規劃的建議》。全會強調,實現"十三五"時期發展目標,破解發展難題,厚植發展優勢,必須牢固樹立並切實貫徹創新、協調、綠色、開放、共享的發展理念。全會提出,要培育發展新動力，優化勞動力、資本、土地、技術、管理等要素配置，激發創新創業活力，推動大眾創業、萬眾創新，釋放新需求，創造新供給，推動新技術、新產業、新業態蓬勃發展。

據四川新聞網記者瞭解，四川"十三五"規劃《綱要》編制工作正有序推進，其中一塊主要內容即爲"圍繞提高產業核心競爭力和市場占有率，推動創新驅動和產業轉型發展"。作爲實施創新驅動發展戰略的重要組成和社會基礎，大眾創新創業也是經濟轉型發展的不熄動力引擎。

四川省委、省政府高度重視大眾創新創業，今年5月在全國較早出臺了《四川省人民政府關於全面推進大眾創業萬眾創新的意見》，提出了8項主要任務和14條支持政策，啓動創業四川行動，着力強化創新創業支撐、激發創新創業活力、釋放創新創業潛能、營造創新創業生態，爲推動經濟社會發展打造新的引擎。

夯實創新創業載體

在孵科技型中小微企業超7 000家

孵化器是孕育創新創業企業的"母體"，孵化器質量的高低，直接決定着創業者能否成功創業。爲支持孵化器建設，我省出臺了《加快科技企業孵化器建設與發展的措施》。目前全省建成各類科技企業孵化器260餘家、省級小企業創業示範基地92家，在孵科技型中小微企業超7 000家。

數據顯示，2014年全省高新技術企業達到2 200家，高新技術產業總產值超過1.2萬億元，同比增長19%。全省技術合同認定交易額超200億元，同比增長28.9%。我省出臺了《關於推進政府向社會力量購買服務工作的意見》，公布了7大類、267項《四川省政府向社會力量購買服務指導目錄》。此外，我省還出臺了《2015年"互聯網+"重點工作方案》，在13個領域、51項重點工作中深度探索"互聯網+"。2015年1月至6月，全省電子商務交易額7 686.2億元，同比增長31.8%。

激活創新創業主體

海外高層次人才引進441人 人數居西部第一

爲支持科技人員支撐創新創業，2014年12月，我省出臺了《激勵科技人員創新創業專項改革試點的意見》，選取了7家單位（地區）開展政策試點，支持高校、科研院所科技人員經所在單位批準兼職或離崗創新創業並取得合法收入。規定職務科技成果的轉化收益按至少70%的比例劃歸成果完成人及其團隊所有。同時開展科技成果"三權下放"等激勵政策試點。

數據顯示，截至2015年5月，7個試點單位兼職取酬科技人員總數達495名；147名科技人員兼職創辦、領辦科技型企業52家；28名科技人員離崗創辦、領辦科技型企業20家，資產近3億元。

而在高端人才引領創新創業上，截至目前，四川已吸引留學回歸人員約6萬人，本省海外高層次人才引進計劃引進人才441名，其中144人入選國家"千人計劃"，人數居西部第一。湧現出鄧學明、李進、吳衛平等創新創業典型。

青年人才投身創新創業同樣成爲熱潮。官方數據公布，2015年1月至7月全省共促進6 515名大學生創業，完成全年目標的81.4%；先後湧現出阿里巴巴上市"敲鐘女孩"王淑娟、地震災區飛出來的"電商鳳凰"趙海伶、黑盒子"技術狂人"施友嵐等青年創新創業典型。

此外，從工商、稅收、信貸、土地、創業服務等提出"一攬子"扶持政策，鼓勵返鄉農民工進入孵化基地創業並提供場地租金優惠和跟蹤扶持等服務。近兩年全省累計新增返鄉創業農民工10.4萬人，創辦企業1.38萬個，帶動就業6.9萬餘人。

建立多層次金融服務體系
全國率先成立8家科技支行

創業啓動後，獲得可持續的融資十分重要。

爲支持種子期、初創期的科技型中小微企業發展，我省探索設立四川省創新創業投資引導基金，通過市場機制引導社會資金和金融資本支持創新創業，拓寬創新創業投融資渠道。同時還建立全省科技金融工作聯席會議制度，走時、定點組織開展銀企對接會活動，形成常態化銀企對接合作機制。在全國率先成立了8家科技支行，積極開展知識產權質押融資和科技小額貸款試點。大力推廣"盈創動力"科技金融服務模式，積極構建股權融資、債權融資、增值服務三大服務體系。在我省定期舉辦的中國（西部）高新技術產業與金融資本對接推進會已成爲全國有影響力的科技金融品牌活動。湧現出以四川省銀科對接信息服務平臺、成都市科技金融服務平臺、盈創動力科技金融服務平臺爲代表的專業化應用服務平臺。

數據顯示，截至2014年年底，盈創動力服務平臺已累計爲上千家中小企業提供擔保融資超過130億元，爲60餘家中小企業提供天使投資、創業投資、私募股權投資等超過40億元。

強化支撐引導效能
培育企業技術創新主體地位

爲加強對中小企業創新的財政和金融支持，強化企業技術創新主體地位，我省出臺了《培育企業創新主體專項改革方案》。圍繞新一代信息技術、新能源、節能環保等15個專項，5年來省級財政累計投入資金18.4億元，累計實施科技成果轉化項目1 500個，帶動企業投入200億元，培育形成602個戰略新興產品。

2015年，省級財政下達科技型中小微企業技術創新資金7 000萬元，重點支持科技型中小微企業發展。實施重大科技項目，2015年由企業單獨或牽頭承擔的100萬元以上的省級科技項目達339項，經費5.21億元，占重大科技項目的79%。同時我省還實施產學研用協同創新工程，建成北鬥導航、無人機、科技雲服務、新能源汽車等產業（技術）創新聯盟101個，新建省級產業技術研究院10家和一批各具特色、與產業緊密結合的新型研發組織。

營造良好創新創業環境
前三季度全省新登記市場主體47.17萬户

中國創新創業大賽（四川賽區）、"英創杯"國際創業大賽、四川青年創新創業大賽、成都"創業天府·菁蓉匯"……今年絕對稱得上是四川的創新創業年。近年來，我省通過開展系列衆創品牌活動，爲創新創業者們提供了展示平臺。此外，爲營造良好的創業環境，我省深化商事制度改革，積極推行"先照後證"試點，除涉及市場主體機構設立的審批事項及依法予以保留的外，其餘涉及市場主體經營項目、經營資格的前置許可事項，不再實行先主管部門審批、再工商登記的制度。

數據顯示，今年前三季度，全省新登記市場主體47.17萬户，同比增長14.02%；新增科技型中小微企業1萬家以上，同比增長超過45%。爲加強知識產權保護，《進一步提升全省專利申請質量的實施意見》《加強職務發明人合法權益保護促進知識產權運用的實施意見》《專利權質押貸款管理辦法》等政策相繼出臺。官方數據顯示，2014年全省獲得專利授權4.71萬件，同比增長24.4%；40項成果獲2014年度國家科技進步獎，居西部第一；2015年1月至6月，全省申請專利3.92萬件，同比增長32.47%；其中申請發明專利1.42萬件，同比增長46.53%，居全國第八、西部第一。

資料來源：仲健鴻．四川全面推進大衆創業萬衆創新　打造經濟社會發展新引擎［EB/OL］．（2015-11-03）［2016-11-06］．http://www.sc.cinhuanet.com/content/2015-11/06/c_1117058859.html．

總結提要

1. 公共經濟政策是指政府在一定時期內爲實現特定任務和戰略目標而制定的組織、調節、控制公共經濟活動的行爲規範和措施。

2. 公共經濟政策的目標就是政府制定和實施公共經濟政策所要達到的目的。各個國家制定和實施公共經濟政策的總目標不盡相同，但一般來講，都會圍繞着"經濟增長目標、通貨膨脹目標、就業目標和國際收支目標"展開。

3. 公共經濟政策工具主要包括財政政策、貨幣政策、匯率政策、產業政策、投資政策、就業政策、收入分配政策和價格政策等。

4. 財政政策是指政府爲了調節總需求變動及總需求與總供給之間的關係，而調整財政收支規模和保持收支平衡的指導原則及相應措施的總稱。財政政策是由預算政策、稅收政策、支出政策和公債政策等構成的一個政策體系。財政政策工具也稱財政政策手段，是指政府爲實現一定財政政策目標而採取的各種財政手段和措施，它主要包括預算、稅收、公債、政府投資、公共支出和財政補貼等。

5. 貨幣政策是指中央銀行爲實現既定的經濟目標，運用各種政策工具，調節貨幣供給和需求，進而影響宏觀經濟運行的指導原則及相應措施的總稱。貨幣政策工具也稱貨幣政策手段，是指中央銀行爲實現一定貨幣政策目標而採取的各種手段和措施。西方國家貨幣政策工具常用的三大傳統手段爲法定存款準備金率、貼現率政策和公開市場業務，輔之以道義勸告、行政干預、金融檢查等其他調節手段。目前我國使用的貨幣政策工具有：法定存款準備金、信貸規模、再貸款手段、再貼現、公開市場業務和利率等。

6. 爲了達到理想的調控效果，通常需要將財政政策和貨幣政策配合使用。一般情況下，財政政策與貨幣政策有四種常見的配合模式：①雙緊政策，即緊的財政政策和緊的貨幣政策配合；②雙鬆政策，即鬆的財政政策和鬆的貨幣政策配合；③緊財政、鬆貨幣政策，即緊的財政政策和鬆的貨幣政策配合；④鬆的財政政策和緊的貨幣政策配合。

7. 匯率政策指政府爲達到國際收支均衡的目的，利用本國貨幣匯率的升降來控制進出口及資本流動的指導原則及相應措施的總稱。在我國，匯率政策是改革和開放政策的關鍵要素。

8. 產業政策是政府爲了達到一定的目的，通過制定產業結構調整計劃、產業扶持計劃等手段，來引導產業發展方向，推動產業結構升級，協調產業結構的指導原則及相應措施的總稱。

9. 就業政策是政府爲了解決現實中勞動者就業問題而制定的指導原則及相應措施的總稱。

10. 收入分配政策是政府針對居民收入水平高低、收入差距大小等問題，在收入分配領域制定的指導原則及相應措施的總稱。

復習思考題

1. 簡述公共經濟政策的目標及其主要內容。
2. 簡述公共經濟政策工具的分類及其主要內容。
3. 財政政策和貨幣政策應該如何組合？
4. 結合公共經濟政策理論論述"供給側結構性改革"。
5. 結合公共經濟政策理論論述"大衆創業、萬衆創新"。

參考文獻

[1] 斯密. 國富論 [M]. 超值白金版. 北京：中國華僑出版社，2011.

[2] 王雍君. 公共經濟學 [M]. 2 版. 北京：高等教育出版社，2016.

[3] 馬斯格雷夫，皮考克. 財政政治學譯叢：財政理論史上的經典文獻 [M]. 上海：上海財經大學出版社，2015.

[4] 白景明. 公共經濟 [M]. 北京：人民出版社，1994.

[5] 郭慶旺，魯昕，趙志耘，等. 公共經濟學大辭典 [M]. 北京：經濟科學出版社，1999.

[6] 齊守印. 中國公共經濟體制改革與公共經濟學論綱 [M]. 北京：人民出版社，2002.

[7] 劉海藩. 現代領導百科全書：經濟與管理卷 [M]. 北京：中共中央黨校出版社，2008.

[8] 代鵬. 公共經濟學導論 [M]. 北京：中國人民大學出版社，2005.

[9] 張維迎. 博弈論與信息經濟學 [M]. 上海：上海人民出版社，2012.

[10] 趙建國，呂丹. 公共經濟學 [M]. 北京：清華大學出版社，2014.

[11] 科斯. 企業、市場與法律 [M]. 盛洪，陳鬱，譯. 上海：格致出版社，2009.

[12] 奧爾森. 集體行動的邏輯 [M]. 上海：上海人民出版社，2003.

[13] 中華人民共和國國務院新聞辦公室. 中國的軍事戰略 [M]. 北京：人民出版社，2015.

[14] 馬歇爾. 經濟學原理 [M]. 海口：南海出版公司，2007.

[15] 庇古. 福利經濟學 [M]. 北京：華夏出版社，2013.

[16] 高培勇. 財政學 [M]. 北京：中國財政經濟出版社，2004.

[17] 凌嵐. 公共經濟學原理 [M]. 武漢：武漢大學出版社，2010.

[18] 裴育. 公共經濟學 [M]. 大連：東北財經大學出版社，2011.

[19] 高培勇，崔軍. 公共部門經濟學 [M]. 北京：中國人民大學出版社，2011.

[20] 陳共. 財政學 [M]. 北京：中國人民大學出版社，2002.

[21] 阿羅. 社會選擇與個人價值 [M]. 2 版. 上海：上海人民出版社，2010.

[22] 麥克納特. 公共選擇經濟學 [M]. 2 版. 長春：長春出版社，2008.

[23] 繆勒. 公共選擇理論 [M]. 北京：中國社會科學出版社，2011.

[24] 竇喜生. 政府收支分類新解 [M]. 北京：新華出版社，2006.

[25] 熊偉. 美國聯邦稅收程序 [M]. 北京：北京大學出版社，2006.

[26] 孟德斯鳩. 論法的精神 [M]. 北京：中國政法大學出版社, 2003.

[27] 蔡昌. 稅收原理 [M]. 北京：清華大學出版社, 2010.

[28] 高培勇. 公債經濟學導論 [M]. 長沙：湖南人民出版社, 1989.

[29] 李嘉圖. 政治經濟學及賦稅原理 [M]. 周潔, 譯. 北京：新世界出版社, 2003.

[30] 姚彤. 新《預算法》解讀 [M]. 南京：東南大學出版社, 2015.

[31] 劉詩白, 鄒廣嚴. 新世紀企業家百科全書：第1卷 [M]. 北京：中國言實出版社, 2000.

[32] 厲以寧. 西方經濟學 [M]. 北京：高等教育出版社, 2000.

[33] 徐衣顯. 轉型期中國政府經濟職能研究 [M]. 北京：中國財政經濟出版社, 2007.

[34] 李曉西, 等. 中國貨幣與財政政策效果評析 [M]. 北京：人民出版社, 2007.

[35] 李裕. 我國改革開放以來財政政策和貨幣政策的配合研究 [M]. 上海：上海財經大學出版社, 2008.

[36] 楊曉華. 中國財政政策效應的測度研究 [M]. 北京：知識產權出版社, 2009.

[37] 劉伯龍, 竺乾威. 當代中國公共政策 [M]. 上海：復旦大學出版社, 2009.

[38] 陳振明. 公共政策分析 [M]. 北京：中國人民大學出版社, 2011.

[39] 高培勇, 崔軍. 公共部門經濟學 [M]. 北京：中國人民大學出版社, 2011.

[40] 樊勇明. 公共經濟學導引與案例 [M]. 上海：復旦大學出版社, 2003.

[41] 凱恩斯. 就業、利息和貨幣通論 [M]. 北京：光明日報出版社, 2010.

[42] 高培勇. 公共經濟學 [M]. 3版. 北京：中國人民大學出版社, 2012.

[43] 郭慶旺, 趙志耘. 財政學 [M]. 北京：中國人民大學出版社, 2002.

[44] 凱恩斯. 就業、利息和貨幣通論 [M]. 西安：陝西人民出版社, 2003.

[45] 鄭萬軍. 公共經濟學 [M]. 北京：北京大學出版社, 2015.

[46] 戴文標. 公共經濟學 [M]. 北京：高等教育出版社, 2015.

[47] 黃新華. 公共經濟學 [M]. 北京：清華大學出版社, 2014.

[48] 盧洪友. 公共部門經濟學 [M]. 北京：高等教育出版社, 2015.

[49] 中級經濟師考試輔導用書編寫組. 中級經濟師：財政稅收專業知識與實務 [M]. 北京：高等教育出版社, 2015.

[50] 中國企業管理百科全書編輯委員會中國企業管理百科全書編輯部. 中國企業管理百科全書：增補卷 [M]. 北京：企業管理出版社, 1990.

國家圖書館出版品預行編目(CIP)資料

公共經濟學 / 臧文君、張超 主編. -- 第一版.
-- 臺北市：崧燁文化, 2018.08
　面 ； 公分
ISBN 978-957-681-380-1(平裝)
1.公共經濟學
551　　　　107011653

書　名：公共經濟學
作　者：臧文君、張超 主編
發行人：黃振庭
出版者：崧燁文化事業有限公司
發行者：崧燁文化事業有限公司
E-mail：sonbookservice@gmail.com
粉絲頁　　　　　　網　址：
地　址：台北市中正區重慶南路一段六十一號八樓 815 室
8F.-815, No.61, Sec. 1, Chongqing S. Rd., Zhongzheng Dist., Taipei City 100, Taiwan (R.O.C.)
電　話：(02)2370-3310　傳　真：(02) 2370-3210
總經銷：紅螞蟻圖書有限公司
地　址：台北市內湖區舊宗路二段 121 巷 19 號
電　話：02-2795-3656　傳真：02-2795-4100　網址：
印　刷：京峯彩色印刷有限公司（京峰數位）

　　本書版權為西南財經大學出版社所有授權崧博出版事業股份有限公司獨家發行電子書繁體字版。若有其他相關權利需授權請與西南財經大學出版社聯繫，經本公司授權後方得行使相關權利。

定價：200 元
發行日期：2018 年 8 　月第一版
◎ 本書以POD印製發行